JN237592

正社員登用試験にも役立つ

史上最強の転職者用SPI
よくでる問題集

未来舎［著］

ナツメ社

はじめに

　100年に一度の経済危機からは脱却しつつありますが、転職や正社員登用は依然として厳しい状況が続いています。このような経済情勢下で、企業は人材を育てる余裕を失う一方、能力の高い人材を必要としています。そこで企業は、そのような人材を確保するため、採用の際に能力検査を行うようになりました。また、昇進においても、従来のような仕事の実績だけではなく、客観的な判定基準として能力検査が利用されるようになりました。その代表的な検査が、SPIです。

　本書は、2013年1月にバージョンアップされたSPI3の内容を踏まえ、最新の情報を盛り込んで『史上最強の転職者用SPI2よく出る問題集』をリニューアルしたものです。SPI3へのバージョンアップに伴い、採用企業側がオプションで追加できるようになった「構造的把握力」や「英語能力検査（ENG）」の問題にも取り組めるようにし、昇進試験や採用試験で出題される可能性が高い問題を網羅しました。

　ただ、転職や正社員登用を目指す場合、どうしても学習時間に制限があります。そこで本書では、短時間で効率的に学習できるように、解答のポイントやコツを一目でわかるようにまとめ、解答する際の注意点を吹き出しなどで指摘しました。また、試験時間内で解答できるように、各設問の標準的な解答時間も示しています。さらに、問題ごとの頻出度を示し、どれを優先的に学習すればよいかがわかるようにしています。

　本書の第1章では、転職や正社員登用の際に使用されるSPIの概要を述べるとともに、最近、利用の増えているテストセンター形式の特色も併せて解説します。第2章では、非言語分野の問題（数的処理と論理問題）を、第3章では、言語分野の問題（語句と長文）を解説します。第4章では、オプション検査にも簡単に触れます。また、第5章では、性格検査の設問の意味と回答の際の注意点を説明します。

　本書がSPI適性検査対策として十分な効果を発揮し、皆様の採用試験や昇進試験突破の一助になることを願ってやみません。

著　者

CONTENTS

- はじめに …………………………………………………… 3
- 本書の特長と使い方 ……………………………………… 6

1章 SPIとは

1. SPIとは…………………………………………………… 8
2. SPIはどのように利用されるか ………………………… 12
3. SPIの能力検査の出題範囲 ……………………………… 16
4. テストセンターとは ……………………………………… 20
5. 短期間で合格するためには ……………………………… 24

2章 非言語能力問題

■非言語の出題傾向■　　　　　　　　★は重要度を示します

- 非言語の出題傾向 ………………………………………… 28
- 計算のおさらい …………………………………………… 32
1. 料金の割引 [★★★] …………………………………… 40
2. 損益算 [★★★★★] …………………………………… 46
3. 料金の精算 [★★★] …………………………………… 52
4. 分割払い [★★] ………………………………………… 58
5. 割合 [★★★★] ………………………………………… 64
6. 速さ・距離・時間 [★★★★★] ……………………… 70
7. 集合①（表問題）[★★★★★] ………………………… 76
8. 集合②（文章問題）[★★★★★] ……………………… 82
9. 順列・組合せ [★★] …………………………………… 88
10. 確率 [★★] ……………………………………………… 94
11. 物の流れ [★★] ………………………………………… 100
12. グラフの領域 [★★] …………………………………… 106
13. f(n)の関数 [★★] ……………………………………… 112
14. 資料の読み取り〈百分率〉[★★★★★] ……………… 116
15. 資料の読み取り〈その他〉[★★★★] ………………… 124
16. 比率 [★★★] …………………………………………… 130
17. 長文の読み取り [★★] ………………………………… 134
18. 推論の正誤 [★★] ……………………………………… 138
19. 順序 [★★★★★] ……………………………………… 142
20. 対応関係 [★★★] ……………………………………… 150

項目の右にあります★マークは重要度を示しています。時間の余裕がないときなどは★の数を参考にして出題されやすい問題から対策を進めておきましょう。

| 21 | 内訳 [★★★] | 154 |
| 22 | 地図 [★★★★] | 158 |

3章 言語能力問題
★は重要度を示します

■言語の出題傾向■ ･･････････････････････････････････ 166
1	反対語 [★★★★★]	168
2	2語関係① (5択) [★★★★]	176
	2語関係② (6択) [★★★★★]	180
3	語句の意味 [★★★★]	184
4	語句の用法 [★★★★]	190
5	文節整序 [★★★]	196
6	文章整序 [★★★]	200
7	長文読解① (空欄補充―接続語) [★★★★★]	206
	(空欄補充―語句) [★★★★]	210
8	長文読解② (語句・内容説明) [★★★★★]	214
	(指示語) [★★★★★]	218
9	長文読解③ (内容一致) [★★★★★]	222
10	長文読解④ (総合) [★★★★★]	228

4章 オプション検査
★は重要度を示します

1	構造的把握力① (文章問題) [★★★]	238
2	構造的把握力② (文の構造) [★★★]	242
3	英語能力検査① (語彙) [★★★★★]	246
4	英語能力検査② (空欄補充・誤文訂正) [★★★★★]	250
5	英語能力検査③ (連立完成・和文英訳) [★★★★★]	252
6	英語能力検査④ (長文読解) [★★★★★]	254

5章 性格検査

1	性格検査とは	262
2	性格検査――第1部・第3部の出題形式	268
3	性格検査――第2部の出題形式	270

本書の特長と使い方

- 実際のSPIに沿った形・内容の問題を掲載しています。
- 重点的にチェックしておきたい〈頻出問題〉と、頻出問題の復習・発展となる〈練習問題〉、および図表などを使った視覚的でわかりやすい〈解答・解説〉で構成されています。
- 見開き2ページ単位で問題と解答・解説が一覧表示され、スピーディーな学習が可能です。

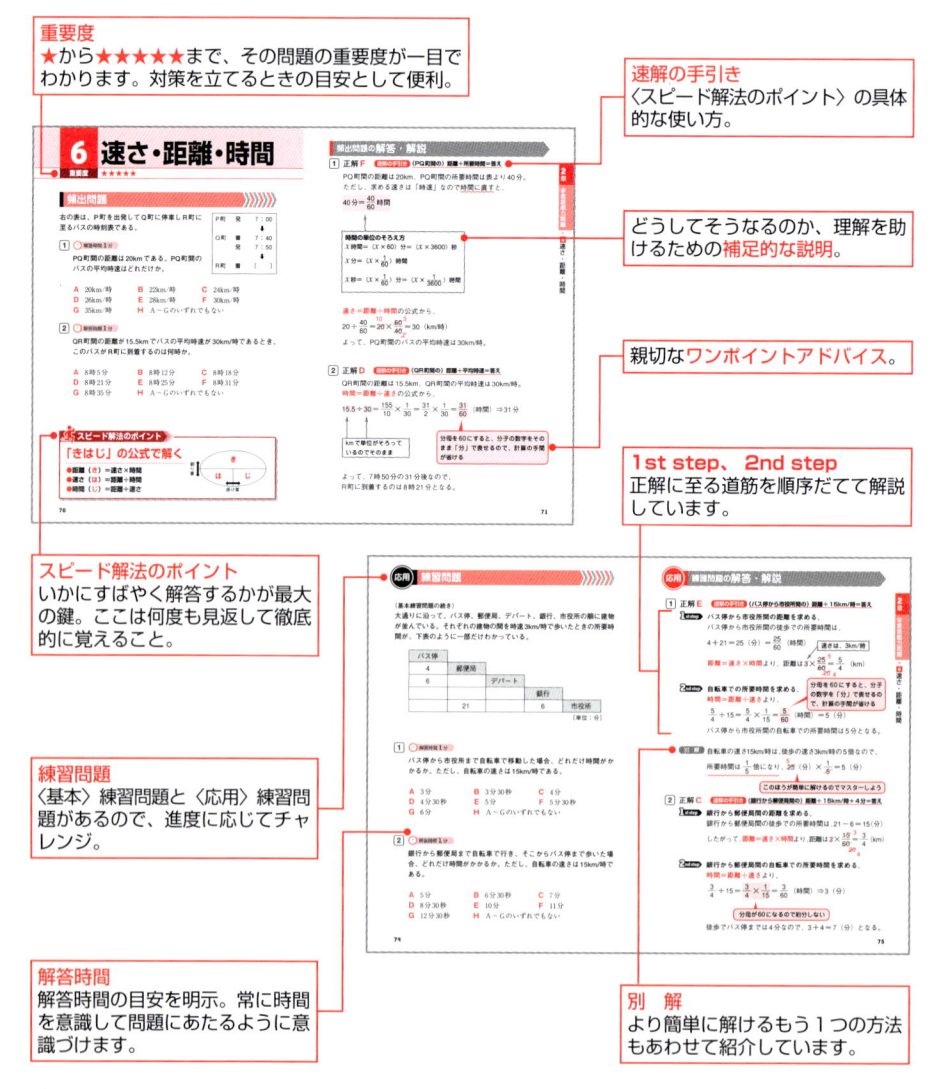

重要度
★から★★★★★まで、その問題の重要度が一目でわかります。対策を立てるときの目安として便利。

速解の手引き
〈スピード解法のポイント〉の具体的な使い方。

どうしてそうなるのか、理解を助けるための補足的な説明。

親切なワンポイントアドバイス。

1st step、2nd step
正解に至る道筋を順序だてて解説しています。

スピード解法のポイント
いかにすばやく解答するかが最大の鍵。ここは何度も見返して徹底的に覚えること。

練習問題
〈基本〉練習問題と〈応用〉練習問題があるので、進度に応じてチャレンジ。

解答時間
解答時間の目安を明示。常に時間を意識して問題にあたるように意識づけます。

別解
より簡単に解けるもう1つの方法もあわせて紹介しています。

1章

SPI とは

1. SPIとは
2. SPIはどのように利用されるか
3. SPIの能力検査の出題範囲
4. テストセンターとは
5. 短期間で合格するためには

① SPIとは

　SPIとは、Synthetic Personality Inventoryの略で、多くの企業の採用試験で利用されている検査です。「**能力適性検査（能力検査）**」と「**性格適性検査（性格検査）**」から構成されています。

　長らくSPI2が利用されてきましたが、2013年1月から一部の検査内容が変更され、**SPI3へとバージョンアップ**されました。**大きな変更点は性格検査に測定項目が追加されたこと**ですが、そのほかにもいくつかの変更が加えられています（10ページ参照）。

　能力検査は、検査Ⅰの「**言語能力検査**」、検査Ⅱの「**非言語能力検査**」から成り、文字どおりその人の能力的適性を測定するものです。
　検査Ⅰの言語能力検査には語句の意味や関係、文章の読解力を試す問題、検査Ⅱの非言語能力検査には主に数的処理能力と論理的思考能力を試す問題が含まれます。問題形式は、いずれも選択式です。
　SPIの能力検査には、受検者や職種、試験時間などによって複数のタイプがあり、それぞれ複数のバージョンがあります。その代表的なタイプが、**総合職・一般職の新卒採用、第2新卒採用などに利用されているSPI-U**（Uはuniversityの頭文字）です。一般的なSPI対策書は、SPI-Uの内容に準拠して作られています。また、**総合職・一般職の中途採用などに利用されるSPI-G**（Gはgeneralの頭文字）があります。転職者が受検するSPIとしては、この2種類が考えられます。出題範囲や問題数などは、16ページ「SPIの能力検査の出題範囲」を参照してください。

　性格検査は、性格的適性と態度的適性を測定します。従来のSPI2では、**行動的側面、意欲的側面、情緒的側面**の3つの側面から測定され、それに基づいて**職務適応性**が評価されてきましたが、SPI3では新たに**社会関係的側面**が加えられ、職務適応性のほかに**組織適応性**も評価の対象になりました。性格検査には、能力検査のような種類はありません（262ページを参照）。

　またSPIには、紙の冊子で受検する形式のほかに、パソコンを使用した形式など**4つの受検スタイル**があり、出題内容や範囲、解答形式が異なります。最初に受検スタイルを押さえておきましょう。

4つの受検スタイル

受検スタイルは、次の4とおりがあります。**媒体としては、紙と鉛筆によるものか、パソコンを使用するものかの2種類**です。

この受検スタイルの違いによって出題範囲が異なります（16ページ「SPIの能力検査の出題範囲」を参照）。

受検方法	特　徴	受検場所
ペーパーテスティング	紙の冊子による、マークシートで行うペーパーテスト	採用企業内
テストセンター	テストセンター会場に設置されたパソコンで行うテスト	テストセンター会場
インハウスCBT	採用企業内に設置されたパソコンで行うテスト	採用企業内
WEBテスティング	インターネットを利用し、受検者のパソコンで行うテスト	自宅など

中途採用の場合で最も多い受検スタイルは、ペーパーテスティングかテストセンターの2つです。この2つについてはあとで詳しく説明するとして、ここではほかの2つのスタイルについて簡単に解説しておきます。

インハウスCBTは、採用企業内のパソコンを使用し、結果も即日判明するため、短期間で採用の成否を決めたい企業にメリットがあります。採用企業内のパソコンを使用するため、小規模の中途採用などに利用されますが、**実施実績はきわめて少ない**と考えられます。**出題内容はテストセンターと同じ**といわれていますが、SPI3では電卓が使用できるようになったので、内容の変更も考えられます。

WEBテスティングは、自宅などのパソコンを使用して受検するスタイルです。電卓の使用を前提とする検査で、**中途採用での使用は少ない**と考えられますが、SPI3では**中途採用向けのSPI-G**も登場しているので、今後増加する可能性があります。**出題内容はペーパーテスティングともテストセンターとも異なり**、解答形式も記号だけではなく、書き込み式の問題もあります。

SPI3での変更点

SPIでは、テストセンター、インハウスCBT、WEBテスティングにおいては2013年1月からSPI3が導入され、ペーパーテスティングにおいては2014年からSPI3に変更されています。

SPI3での主な変更点は次の3つです。

≫性格検査の変更

SPI3では測定領域が、SPI2の情緒的側面、行動的側面、意欲的側面、職務適応性に、新たに社会関係的側面、組織適応性を加えた6つに変更されました。検査時間は、ペーパーテスティングでは変更ありませんが、それ以外では延長されています。

≫テストセンターでは事前にパソコンで性格検査を受検

テストセンターの性格検査は、従来はテストセンター会場で能力検査と性格検査を受検していましたが、**SPI3からは能力検査のみ会場で受検**し、**性格検査は事前に自宅や会社のパソコンで受検**することになりました。

≫構造的把握力検査をオプションとして追加

SPIの能力検査と性格検査に加え、オプションとして**構造的把握力検査**を追加できるようになりました。**従来の英語能力検査（ENG）と同様、追加で出題されることがあります**（構造的把握力検査と英語能力検査の問題は第4章を参照）。

構造的把握力検査とは

SPI3での変更点として注目すべきは、構造的把握力検査が加わった点でしょう。オプションとはいえ、出題される可能性があるので、どのような検査かを知っておく必要があります。

構造的把握力とは**「物事の背後にある共通性や関係性を構造的に把握する力」**（リクルートのWebサイトより）のことで、環境変化への対応の基礎力として位置付けられています。たとえば、新たな問題に直面した際、過去に経験した問題との共通性を見つけることができれば、効果的な解決策を講じることができます。また、さまざまな顧客ニーズを大

局的に分類し、整理することで、新たなサービスを生み出すことにも成功しやすくなります。このような構造的な共通性を見つけ出すのに必要な力が構造的把握力です。

　検査方法は複数の文を構造面から分類する形式です。内容はほぼ同じでも構造が異なっていたり、内容はまったく異なっていても構造に共通点があったりなど、構造面での共通点や相違点に目を向けます。たとえば、次の3つの文を比べてみてください。

> ①室内が乾燥していたので、風邪をひいた。
> ②風邪をひいたのは、室内が乾燥していたせいだ。
> ③会議が長引いたために、最終の新幹線に乗り遅れた。

　①と②は内容に違いはありませんが、文の構造に違いがあります。**①の文は〈原因〉→〈結果〉の順に述べられ、②の文は〈結果〉→〈原因〉**の順に述べられています。一方、③は①や②とは内容が異なりますが、〈原因〉→〈結果〉の順に述べられているという点で①と共通点があります。内容としては①と②が同じ、構造としては①と③が同じということになります。

　このように内容の違いではなく、文の成り立ちや、構造の共通点、相違点を判別する力が構造的把握力です。

英語能力検査（ENG）とは

　SPIのオプションとしてSPI2から利用されているものに英語能力検査（ENG）があります。これは英語の4つの運用能力であるReading、Writing、Speaking、Listeningの基礎となる**語彙や文法の理解力、文章の読解力を測定するもの**です。TOEICのスコアとの相関性が高いといわれています。

　しかし、出題形式はTOEICとは大きく異なり、大学入試のセンター試験の英語に近い形式で、出題内容や難易度も同程度か、あるいはより平易なレベルといえます。また、リスニング問題はありません。

　問題は、語彙問題（同意語、反意語、単語定義）、文法・慣用句問題（空欄補充、誤文訂正、連立完成、並べ替え、和文英訳など）、図表読み取り問題、文章問題（会話文、長文読解）などで、すべて5～6択の選択問題です。

　実施時間および問題数は、ペーパーテスティングでは30分40問、テストセンターでは約20分です（テストセンターの問題数は変動します）。

② SPIはどのように利用されるか

　SPIが利用されるのは、新卒・中途を問わず、企業が新規に社員を採用する場面です。社員の採用では、エントリーシートや面接と並んで、SPIの能力検査の結果が採用の合否の鍵を握る重要な要素になっています。
　さらに近年では、契約社員から正社員へ、一般職から総合職へというような雇用形態の変更や職位変換の際に利用されるケースも増えています。そのような場合では、新規採用以上にSPIが重視される傾向があります。ほかに面接や論文試験があっても、結局合否を分けるのはSPIの能力検査の結果であることが少なくありません。社内での昇格試験のためにも、SPIの対策には万全を期す必要があります。

✎ 社会人採用（正社員）の試験として利用される場合

　会社を辞めて別の会社に移る場合、いわゆる「転職」の際の採用試験にSPIは利用されます。採用試験は、企業の規模、採用人数などによってさまざまですが、SPIを受検するまでに書類選考を通過しなければならない場合がほとんどでしょう。
　大企業で毎年、定期的に社会人採用を実施しているケースなら、あらかじめ決められた日時に企業の選考会場で受検することもあります。企業のWebサイトなどで新卒採用と同様に告知されていることも少なくないので、早めに情報を入手しておけば、対策をとることもできます。大企業の場合は、数人、数十人の採用人数に対し、数千人規模の応募があることもあり、最初の関門である書類選考を通過するのも容易ではありません。筆記試験に進めても、そこでSPIなどで人数が絞り込まれてから、その後の面接へと進むのが一般的です。面接に自信のある人でもそこまで進むためには、SPIで振り落とされないだけの得点をしておく必要があります。
　一方、小規模な採用の場合は、エントリー後に通知がきて、採用企業内かテストセンター会場で受検することが多いようです。この場合は、通知後1～2週間のうちに受検ということもあるので、エントリー前に準備を進めておく必要があります。小規模な採用の場合は、大規模な場合よりも緩やかな選考になりますが、それでもSPIで落とされることが少なくありませ

ん。標準以上の得点をとれるようにしておくことが大切です。

いずれの場合でも、新卒採用でもSPIを利用している企業が多いため、新卒採用との兼ね合いで合格基準が設定されているとも考えられます。やはり人気企業ほど、高得点が求められるといえるでしょう。

✏️ 正社員への登用試験として利用される場合

契約社員として勤務している企業において、正社員になるための登用試験としてSPIが利用されることもあります。近年では、社会人採用は行わず、最初は契約社員として採用し、一定期間を雇用したのちに正社員に登用する企業が増えてきています。契約社員として3年勤務すると登用試験を受験できるという例が多く、また法律で契約社員は5年を超えて雇用できないため、3～5年の間でこの登用試験に挑戦することになります。たとえば年1回、定期的に登用試験が実施されていれば、3回程度挑戦する機会があります。

このケースでも、応募する契約社員の人数と採用人数との関係で難易度は決まってきます。**新規採用に比べ、働きぶりには一定の評価を得られている人たちが受検するわけなので、それだけSPIの比重が高い**といえます。

また、契約社員になる前に、派遣やパート社員などから契約社員へと転換する際に利用されることもあります。場合によっては、契約社員へと正社員への2回の登用試験でSPIを受検するケースもあります。

✏️ 一般職から総合職への転換試験として利用される場合

正社員として勤務している企業で、一般職から総合職への職位転換のための試験としてSPIが利用されることもあります。たとえば高卒で一般職として入社し、数年、十数年の勤務を経て、総合職への転換試験を受けるというケースがありますが、その場合、**高卒であっても大卒対象のSPI-Uを受検する**ことになります。

このケースは、正社員への登用試験が一定の基準を満たせば誰でも受験可能であるのに比べ、**上司からの推薦があって初めて受けられるという個別性が高いケースが多く、**それほど高い基準が要求されることはないと思われます。

SPIの適性検査の得点

　SPIでは能力検査、性格検査ともに、100点満点ではなく、**標準得点**で評価されます。標準得点とは、いわゆる**偏差値**です。全国平均を50として、20から80の間で評価されますが、40〜60の間に全体の約70％が含まれるように調整されています。また、得点によって1から7の7段階にランク付けされます。得点の一般的な出現率は次のとおりです。

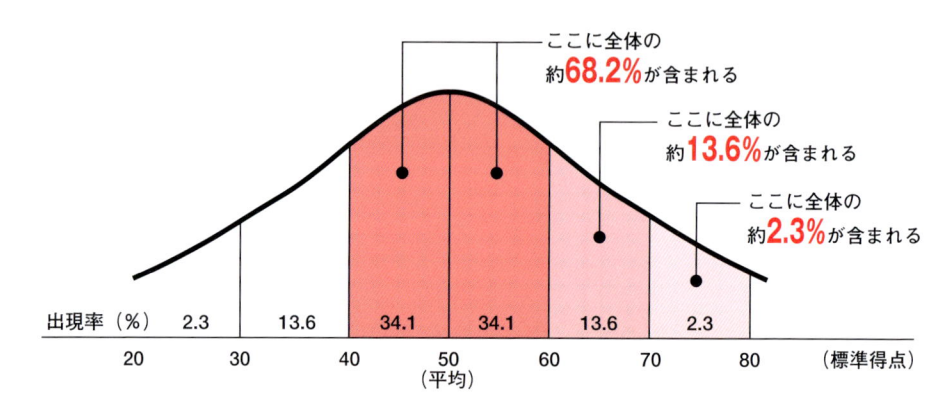

（グラフ）

- ここに全体の約**68.2%**が含まれる
- ここに全体の約**13.6%**が含まれる
- ここに全体の約**2.3%**が含まれる

出現率（％）: 2.3 / 13.6 / 34.1 / 34.1 / 13.6 / 2.3
標準得点: 20 / 30 / 40 / 50（平均）/ 60 / 70 / 80

《7段階表示の得点》

ランク	1	2	3	4	5	6	7
標準得点	29.5以下	〜37.5	〜45.5	〜53.3	〜61.5	〜69.5	70以上
出現率	2.3%	9.2%	23.0%	31.0%	23.0%	9.2%	2.3%

〔能力検査の場合〕

　得点は高ければ高いほど、能力的水準が高いことを示します。約70％が40から60の間に含まれるので、**40を下回るとかなり能力が劣ると判断される**ことになり、一方で**60を超えると相当能力が高いと評価されます**。

　実際に、SPIの能力検査の結果と入社後の人事評価との間には、一定の相関が確認されているとのことです。ただし、その関係性は、「一定水準以上あればよい」のであって、「高ければ高いほどよい」というわけではありません。したがって、最低限必要なことは、**一定水準以下の得点をとらない**ということになります。その目安は、やはり標準得点40未満、ランクにして1と2、さらに3の中でも下のほうです。この評価を

受けると、採用の対象外とみなされても仕方ないでしょう。

一方で、**競争の激しい選抜の場合は、60超、ランク6以上を狙う必要が**あります。高ければ高いほどよいというわけではないにせよ、ライバルたちが軒並み60超であれば、点数での見劣りは致命的になりかねません。

〔性格検査の場合〕

性格検査も能力検査と同様に、尺度ごとに標準得点20から80の間で評価されます（職務適応性と組織適応性は5段階評価）。しかし、性格検査の場合は、尺度ごとの性格特徴の強さを示すものであって、得点が高いからよいというわけではありません。尺度によって、また求める人物像によっては、得点が低いほうがよいと判断される場合もあるでしょう。詳しくは第5章を参照してください。

SPIの能力検査の合格ライン

能力検査の合格ラインは、上述したように標準得点40を超えるのが最低ラインの目安ですが、当然、企業や状況によって異なります。

社会人採用、いわゆる転職の場合は、一般的には新卒採用に比べ、合格ラインが低くなるようです。しかし、新卒で入社した社員との格差をなくすためにも、SPIの得点はある程度重視されます。また、転職とはいえ、数百人、数千人の応募がある企業であれば、基準がかなり高くなることが予想されます。なによりも、**SPIで好成績を収めることは採用担当者への強烈なアピールになり、面接を有利に進めることにもつながります**。できるかぎり標準得点60を超えるよう準備をしておきましょう。

正社員登用の場合は、さらに重要度が高くなります。中には、正社員に登用されるのは数百人の契約社員のうちの5％程度という企業もあります。そのような企業では、合格ラインも高くなるので、**目標は65以上、ランク6の後半からランク7を目指したいところです**。そのためには、8〜9割、あるいはそれ以上正解する必要があります。

一般職から総合職への職位転換では、もともと総合職で入社した人と比べて著しく見劣りしない程度が目安となります。やはり、**標準得点50はクリアできるようにしておく**ことです。

また、点数は言語能力検査、非言語能力検査で別々に出されるので、どちらか一方が基準に達していなければ不合格になることもあります。したがって、**両方ともバランスよく対策をとっておくことが大切です**。

③ SPIの能力検査の出題範囲

　社会人採用（転職）または正社員登用希望者が受検するSPIでは、**社会人向けのSPI-G**と**大学新卒者向けのSPI-U**の2種類があります。一般職から総合職への職位の転換試験では、大部分がSPI-Uです。また、社内での昇格を目指す場合はJMAT、さらに経験を経て管理職を目指す場合はNMATという検査を受検するケースもあります。JMATの適性検査はSPI-Gとほぼ同じですが（性格検査は異なる）、NMATはSPIとはかなり異なります。詳しくは、未来舎のWebサイト（http://www.mirai-sha.com/）を参照してください。いずれも、リクルート社の提供する検査なので、出題内容やスタイルはよく似ていますが、微妙な違いも見られます。また、前述した受検スタイルの違いによって、出題範囲も異なります。

✏️ ペーパーテスティングの出題範囲

　ここでは、ペーパーテスティングの能力検査の出題範囲を見ていきます。2014年からSPI3へとバージョンアップされていますが、検査時間の変更はありません。

▶SPI-G

　一般社会人向けのSPIで、**社会人採用（転職）または企業内での昇格試験**に利用されています。転職で利用されるSPIでは、最も多いと思われます。**一般的なSPI-Uに比べ、問題数が多い**という点では負担が大きいですが、**比較的平易な問題が多い**ので、対策さえしっかりしておけばSPI-Uよりも得点しやすいように思われます。

Ⅰ　言語能力検査
　　 検査時間　30分
　　 問題数　55問程度
　　　語句問題：32問程度（反対語、2語関係など）
　　　文章問題：23問程度（長文3〜4問、長文ごとに小問5〜7問）
Ⅱ　非言語能力検査
　　 検査時間　40分

問題数　40問：8〜10問の組問題で、各小問が2〜6問
　数的処理問題：料金の割引、損益算、料金の精算、分割払い、割合、速さ・距離・時間、集合、順列・組合せ、確率、資料の読み取りなど。後述するSPI-Uより範囲が狭い。
　論理問題：いわゆる推論の問題で、計算を伴わない。種類としては、推論の正誤、順序、対応関係、内訳、地図など。

≫ SPI-U

　大学新卒者の採用に利用されますが、そのほか第2新卒や昇格試験の際に利用されることもあります。SPI-Uの問題には**多くの種類があり、難易度も一様ではない**ようです。SPI-Gに比べて**問題数は少ないものの、そのぶん難しい問題も含まれます。**

Ⅰ　言語能力検査
　検査時間　30分
　問題数　40問
　　語句問題：25問（2語関係、語句の意味、複数の意味）
　　文章問題：15問（長文3問、長文ごとに小問が5問）

Ⅱ　非言語能力検査
　検査時間　40分
　問題数　30問：8〜10問の組問題で、各小問が2〜6問
　　数的処理問題：料金の割引、損益算、料金の精算、分割払い、割合、速さ・距離・時間、集合、順列・組合せ、確率、物の流れ、グラフの領域、資料の読み取り、ブラックボックス、空間図形など、広い範囲に及ぶ。
　　論理問題：いわゆる推論の問題で、計算を伴わない。種類としては、推論の正誤、順序、対応関係、内訳など。

≫ JMAT

　企業内部での昇格試験用の適性検査です。内容面ではSPI-Gとほぼ同じです。

Ⅰ　言語能力検査
　検査時間　30分

問題数　55問程度
　　　語句問題：32問程度（反対語、2語関係など）
　　　文章問題：23問程度（長文3〜4問、長文ごとに小問5〜7問）
Ⅱ　非言語能力検査
　　検査時間　40分
　　問題数　40問：8〜10問の組問題で、各小問が2〜6問
　　　数的処理問題：料金の割引、損益算、料金の精算、分割払い、割合、速さ・距離・時間、集合、資料の読み取りなど。
　　　論理問題：いわゆる推論の問題で、計算を伴わない。種類としては、推論の正誤、順序、対応関係、内訳、地図など。地図の問題（方角・縮尺）が頻出している。

テストセンターの出題範囲

　SPIでは、紙媒体のペーパーテスティングのほか、パソコン媒体のテストセンター方式の利用も増加しています。
　テストセンター方式については20ページで詳細を述べますが、媒体の違い、および検査時間の違いにより出題範囲も異なるため、ここでは出題範囲についての概要を説明します。

≫SPI-GおよびSPI-U

　テストセンター方式では、社会人向けのSPI-Gと、大学新卒者向けのSPI-Uにそれほど大きな違いはないので、まとめて説明します。

検査時間　約35分
　この時間内に言語能力検査と非言語能力検査のそれぞれの問題が出題されます。
問題数　不定
　これはパソコンで行う検査特有の方式であるためです。簡単にいえば、時間内に処理できる問題数が異なります。

出題分野
Ⅰ　言語能力検査
　　　語句問題：2語関係、語句の意味、複数の意味

文章問題：空所補充、文章整序、長文読解
　　　　　ペーパーテスティングと異なるのは、「文章整序」が出題される点です。「文章整序」は、パソコンで行う検査特有の問題です。
Ⅱ　非言語能力検査
　　　数的処理問題：料金の割引、損益算、料金の精算、分割払い、割合、速さ・距離・時間、集合、順列・組合せ、確率、資料の読み取り、長文の読み取りなど。
　　　論理問題：推論の正誤、順序、対応関係、内訳など。
　　　　　図を多用した、物の流れ、比率、グラフの領域、ブラックボックス、空間図形などは、パソコンの画面上で処理しにくいためか、出題されていないようです。
　　　　　一方で、「長文の読み取り」はテストセンター方式特有の問題です。また、受検者に合わせて難易度が自在に変化する出題方式のため、難易度の幅はかなり広く、平易な問題から難問まであります。
※JMATにはパソコン媒体の受検スタイルは2014年1月現在ありません。

　以上のような出題範囲に沿って、効率的に学習しておくことは、好成績をとるうえで重要です。あらかじめ受検する検査の種類や受検スタイルがわかっている場合は、出題頻度の高いものから順にしっかり対策をしておきましょう。対策の仕方については、24ページを参照してください。
　ただし、SPIの出題傾向は一定ではなく、常に新傾向の問題が出されていることも確かです。どの問題集にも載っていない問題が出たという話はよく耳にします。したがって、あらゆる問題の対策を確実にしておくことは不可能です。
　そもそもSPIの能力検査は、どのような仕事をこなすうえでも求められる汎用的な知的能力を測るものです。単なる知識の量を測るのではなく、与えられた情報をもとに正確な判断をする思考力や判断力を見ることに重点がおかれています。
　したがって、どのような問題に対しても、問題文や指示を読み取り、情報を整理して正解を導き出す能力を身につけることが大切です。そのような能力を養成しておくことこそ、転職や昇格の成功につながるはずです。
　本書の利用を通して、企業が求める言語的理解力、論理的思考力、数的処理能力を向上させることを目指しましょう。

4 テストセンターとは

　テストセンターとは、パソコン媒体のSPIを実施している会場のことですが、一般的には検査そのものをテストセンターと呼ぶこともあります。

　新卒者向けのSPIでは、ペーパーテスティングよりテストセンター方式のほうが主流になってきています。転職の場合も、テストセンター方式を利用する企業が増えてきているので、どのようなスタイルの検査なのかを知っておく必要があるでしょう。

　また、**パソコン媒体のSPIには、テストセンター方式以外にも、インハウスCBT（採用企業内に設置されたパソコンで行うテスト）、WEBテスティング（インターネットを利用し、受検者のパソコンで行うテスト）もあります。**

テストセンター方式の問題の特徴

● 問題ごとに制限時間がある

　言語能力検査と非言語能力検査とで合わせて40分という全体の制限時間のほか、1問ごとの制限時間があり、画面上にタイマーで表示されます。画面右上に円グラフのような形のタイマーがあり、その外側は全体の時間の経過を表し、内側は回答状況を表します。

　もう一つ画面左下に棒状のタイマーがあり、各問題の制限時間を示しています。これは時間の経過とともに、左側から右側に、緑→黄色→オレンジ→赤の順に色が変わっていきます。緑の段階で解答できるのが理想のようですが、なかなかこの時点で解答するのは難しいようです。また、この制限時間は問題によって異なります。

　このタイマーが赤になると制限時間となり、自動的に次の問題に切り替わります。時間内に解けなければ、全体の制限時間は減っても1問も解答できないという結果になります。したがって、**制限時間を守りながら、できるだけ早い段階で解答することで、全体の制限時間内により多くの問題を解くチャンスが得られる**わけです。

《パソコン画面のイメージ》

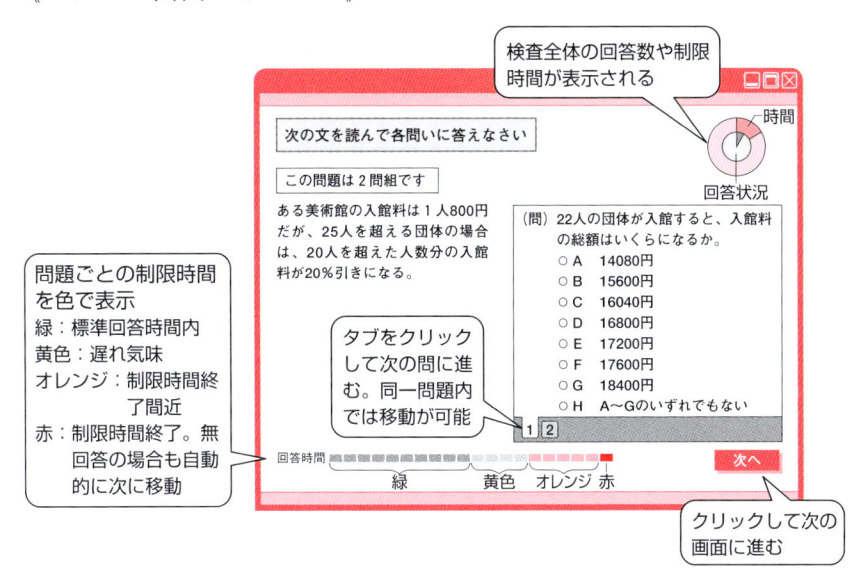

パソコン画面の説明:
- 検査全体の回答数や制限時間が表示される
- 時間／回答状況
- 次の文を読んで各問いに答えなさい
- この問題は2問組です
- ある美術館の入館料は1人800円だが、25人を超える団体の場合は、20人を超えた人数分の入館料が20％引きになる。
- (問) 22人の団体が入館すると、入館料の総額はいくらになるか。
  - ○A　14080円
  - ○B　15600円
  - ○C　16040円
  - ○D　16800円
  - ○E　17200円
  - ○F　17600円
  - ○G　18400円
  - ○H　A～Gのいずれでもない
- タブをクリックして次の問に進む。同一問題内では移動が可能
- 問題ごとの制限時間を色で表示
  - 緑：標準回答時間内
  - 黄色：遅れ気味
  - オレンジ：制限時間終了間近
  - 赤：制限時間終了。無回答の場合も自動的に次に移動
- 回答時間　緑／黄色／オレンジ／赤
- クリックして次の画面に進む

● **問題を飛ばせない、後戻りできない**

画面上の問題に解答し、「次へ」ボタンをクリックして次の問題へ進みます。したがって、目の前の問題に解答しないと次へは進めません。ペーパーテスティングならば、苦手な問題を飛ばして取り組みやすい問題から解くこともできますが、パソコンではそれができません。また、前の問題に戻ることもできません（ただし、組問題の中での後戻りはできます）。

このため、**目の前の問題がわからなくて飛ばしたい場合は、適当に選択肢をマークして次へ進むしかありません**。全体の制限時間内により多く正解するためには、このようなスキップは必要でしょう。

● **問題のレベルが変化する**

パソコン検査では、正解すると次の問題が難しくなり、不正解だとやさしくなります。視力検査では、見えればもっと小さい文字に進み、見えなければ大きい文字に進んで見えるかどうかを確認しますが、それと同じ方式です。

したがって、どんどん正解していけば問題は難しくなり、不正解が続けばやさしい問題が出されます。人によって出される問題が違うというのが、パソコン検査の大きな特徴の一つです。

- **パソコン検査ならではの出題範囲がある**

　ペーパーテスティングでは出題されないが、パソコン検査では出題される分野があります。言語能力検査の「文章整序」や非言語能力検査の「長文の読み取り」などです。
　もっとも、出題範囲は流動的なので、今後変化することは十分に考えられます。出題範囲に関しては、18ページの「出題範囲」を参照してください。

- **複数の選択肢を選ぶ問題が登場**

　従来は択一方式で、正解となる選択肢を1つクリックするだけでしたが、それ以外に、該当する選択肢を複数クリックする問題も出されるようになりました。このタイプの問題では「当てはまるものをすべて選びなさい」という指示があるので、それを見逃さないようにしましょう。択一方式だけと思い込んでいると、無理に1つに絞って不正解になりかねないので、設問文にもよく目を通すようにしましょう。

パソコンでSPIを受けるときの注意点

- **制限時間内に解答する**

　パソコン検査の問題の特徴で見たように、1問ごとに制限時間があるので、その時間を守って解答する必要があります。それも、できるだけ制限時間のタイマーが緑の段階で解答することが望まれます。
　とはいっても、短時間で解くのは容易ではありません。これは解けそうにない、あるいはかなり時間がかかると思ったら、早めに見切りをつけ、適当な選択肢をマークして先へ進むことをお勧めします。
　制限時間いっぱい使っても解答を導くことができなければ時間の無駄なので、解けるか解けないかの見極めを短時間でできるようにしておくことも大切です。
　これは、本書を利用する段階から心がけておくことができます。提示している時間を大幅に超過する問題は要注意と肝に銘じておき、実際の検査では早めに見切りをつける問題としてリストアップしておきます。

● **メモをわかりやすく**

これはペーパーテスティングの場合にも当てはまることですが、**問題を解くプロセスをメモしていくとき、あとの問題で利用することも考え、わかりやすく書いておく**ことをお勧めします。

非言語能力検査では、1つの設問に複数の問題がある組問題なので、前の問題で解いた数値や図表を利用して次の問題を解く場合が少なくありません。その場合、メモが乱雑だと、読み取れない、どこに書いてあるのかわからないという事態を招きかねません。

ペーパーテスティングであれば問題用紙に書き込むので、まだわかりやすいでしょうが、パソコンによる検査では、問題はパソコン、計算や図解は手元のメモということになり、どこに何が書いてあるかわからないということが起こりやすいと思われます。

ちなみに、**テストセンターでは私物の持ち込みができず、筆記用具からメモ用紙まで支給されたものを使います。**

不慣れな会場で不慣れなパソコンでの検査ということで緊張をあおる要素が多いですが、条件は受検者みな同じです。時間に気を配りながらも、目の前の問題に集中することが大切です。対策が不十分だと不安と焦燥で問題に集中することが難しくなるので、集中力を高めるためにも対策をしっかりとしておきましょう。

テストセンターのまとめ

- ● **問題ごとに制限時間がある**
- ➡ **できるだけ早い段階で回答することで、より多くの問題を解くチャンスが得られる。**
- ● **問題を飛ばせない、後戻りできない**
- ➡ **解けそうにない問題や、時間がかかる問題は早めに見切りをつけ、適当に選択肢をマークして次へ進む。**
- ● **問題のレベルが変化する**
- ➡ **正解すると次の問題が難しくなり、不正解だとやさしくなる。**
- ● **パソコン検査ならではの出題範囲がある**
- ➡ **「文章整序」や「長文の読み取り」なども出題される。**
- ● **わかりやすくメモする**
- ➡ **あとの問題で利用することも考え、わかりやすくメモしておく。**

5 短期間で合格するためには

　SPI-G、SPI-U、JMATのいずれも、**言語系はせいぜい高校レベル、非言語系の数的処理は中学レベルの問題**です。論理的思考の分野は、特に学んだ記憶はないかもしれませんが、理詰めで考えれば答えが容易に得られる問題です。したがって、まず10代の頃に学んだことを思い出し、定着させることができれば、十分な対策になります。

　しかし、高校を卒業してかなりの年月が過ぎ、また日常的には電卓やパソコンに頼っていると、計算力は落ちる一方で、語彙はワンパターン、読む文章も偏ったものになりがちです。一見やさしそうな問題でもてこずることが少なくありません。また、論理的な問題では、勘で解くしかなく、合理的な解き方がわからないということもあるでしょう。

　したがって、転職や昇格のためにSPIなどの能力適性検査が課されるとなったら、集中的に勉強する必要があります。試験の種類や受検スタイルによって出題範囲は多少異なりますが、基本的な計算力、語彙力、文章読解力はすべてに共通します。なによりも、さびついた頭を柔軟にしておくことが能力検査の対策には不可欠です。

全体的な対策はどうすればよいか

　対策は人それぞれですが、ここでは本書を利用した効率的な対策のヒントを示していきます。それぞれの人の事情や試験の種類（わかっている場合）に沿って、本書を上手に利用してください。

● 頭のさび落とし

　能力検査では、電卓などに頼り切ってきた計算を、自分の頭でしなければなりません。その際、計算の仕方を忘れていては、どうあがいても始まりません。ですから、まずは32ページからの**「計算のおさらい」で現在の計算力をチェックする**ことから始めましょう。

　また、SPIの非言語能力検査では、計算の正確さと速さが合否を左右するので、できるだけ筆算をせずに暗算で計算できるようにしておくことも有効な対策です。まずは、九九の復習、さらに**39ページの掛け算表を利用して2ケタの掛け算も暗算でできるようにしておく**ことをお勧めします。

さらに、継続的に計算力を鍛えるためには、**1日1枚の百マス計算**をお勧めします。百マス計算は一挙に100の足し算、引き算、掛け算をするので、計算スピードや持久力が身につきます。短時間で多くの問題を解かなければならないSPIでは持久力も大切なので、ぜひ試してみましょう。

● 頻出問題で解法を把握

各項目の最初に、**「頻出問題」が掲載されています。まず、それを独力で解いてみましょう。**独力では解けない、またはなんとなく解けたけれども解き方が正しいか、合理的であるかがわからないという場合は、解説をよく読んで合理的な解法を理解しましょう。

この段階で、簡単に解けるという人は、時間がなければ先の項目へ進んでください。

● 練習問題に挑戦

問題の基本的な考え方や解法が理解できたら、次に練習問題を解いて正しく理解できているかを確認しましょう。1つの項目でも問題の種類が多様であることもあるので、それぞれで考え方や解法をつかんでいきましょう。

解法がわかっても、さまざまな問題に慣れておくことは大切なので、できるだけ全問に挑戦してください。1回解いただけでは右から左に抜けていってしまうこともあるので、てこずった問題を中心に2～3回は繰り返し解いてみてください。

時間がないときはどうすればよいか

● どんな検査かわからない場合

試験まで1週間もあれば本書の問題を一とおり解くことは可能ですが、その余裕がないという人や、いつ試験になるかわからないという場合は、**「重要度」の星の数を参考にして、取り組む範囲を絞りましょう。**重要度は、出題頻度でもあるので、**まず★5つから始めて次に★4つというように、出題されやすい問題から対策を進めておきましょう。**

転職の場合は、急きょ試験を受けるように言われることもあるかと思いますが、その場合も重要度順に解いておけば、解いた問題が試験に出

る確率は高くなります。

● 検査の種類や受検スタイルがわかっている場合

28ページの「非言語の出題傾向」と166ページの「言語の出題傾向」を参考にして、自分が受検するタイプで出題される問題に絞って取り組みましょう。

時間に余裕があって一とおりの対策ができた人も、明日テストセンターで受検するという場合は、テストセンターでの頻出問題に絞って最終チェックを試みましょう。

検査直前では何をすればよいか

● 非言語能力検査では…

38ページの「本書に出てくる重要な公式」を見て、しっかりと頭に入っているかどうかを確認しましょう。覚えていても、スムーズに出てこないようだと本番で計算にてこずることになるので、反射的に公式が出るようにしておきましょう。

また、39ページの2ケタの掛け算表を、少しでも覚えるようにしましょう。これは掛け算だけではなく、割り算の際にも役立ちます。特に12、15、18、24、25の倍数がすぐにわかると計算がしやすくなります。

● 言語能力検査では…

175ページに反対語の一覧表が掲載されているので、反対語をしっかり覚えましょう。SPI-GやJMATでは反対語が多数出題されます。SPI-Uでも、2語関係の中で出題されます。

反対語は、正確に覚えておかないと正解しづらい問題です。しかし、逆にいえば、正確に覚えておけば多くの問題に正解できることでもあります。反対語の対策をすることで、直前の一夜漬けでも得点力の大幅アップが望めます。

2章

非言語能力 問題

非言語の出題傾向
計算のおさらい
1 料金の割引
2 損益算
3 料金の精算
4 分割払い
5 割合
6 速さ・距離・時間
7 集合①（表問題）
8 集合②（文章問題）
9 順列・組合せ
10 確率
11 物の流れ
12 グラフの領域
13 f(n)の関数
14 資料の読み取り〈百分率〉
15 資料の読み取り〈その他〉
16 比率
17 長文の読み取り
18 推論の正誤
19 順序
20 対応関係
21 内訳
22 地図

非言語の出題傾向

● 問題の構成

　非言語能力検査（検査Ⅱ）の問題は、何問かがセットになった組問題で、単独の問題が出題されることはありません。この形式では、組問題の1問目で、どのような出題分野からそのような問題が出ているのかをつかむのに多少時間がかかっても、2問目からは要領よく解いていくことができるメリットがあります。

　ただし、これは裏を返せば、まったく解き方のわからない分野が出題された場合、その組問題全問に手がつけられないという事態を招きかねません。そのような解法のわからない組問題が複数出題されると高得点は望めないので、たとえ時間的余裕がなくても、重要度が高い順に満遍なく解法を理解しておきたいものです（「短期間で合格するためには」24ページ参照）。

● 出題分野と検査別の重要度

　ここでは、本書で扱う20分野ごとの傾向と、SPI-G、SPI-U、JMATでの重要度を解説します。ここでの重要度とは、過去の情報をもとにして、出題頻度と組問題の問題数などを根拠としたもので、効率的に勉強するための目安です。

■重要度の見方

　★★★★★……頻出問題で、問題数も多い。
　★★★☆☆……頻出問題だが、問題数は少ない。
　　　　　　　または、頻度は少ないが、出題されると問題数が多い。
　★☆☆☆☆……その形式では出題されないと思われるが、他の問題を解くのに役立つ。

料金の割引	種類	SPI-G	SPI-U	JMAT	パソコンテスト
	重要度	★★★☆☆	★★★☆☆	★★★☆☆	★★★☆☆

　文字どおり、割引料金の計算です。必要な計算は自然数の足し算、引き算、割り算。割引が割合で示される場合は、小数または分数の掛け算。

損益算	種類	SPI-G	SPI-U	JMAT	パソコンテスト
	重要度	★★★☆☆	★★★☆☆	★★★☆☆	★★★☆☆

　原価（仕入れ値）、定価、売価、利益にかかわる問題で、計算のパターンはいろいろあります。必要な計算は自然数と小数（または分数）の掛け算、割り算など。やや複雑な問題では、一次方程式を用いたほうが解きやすいでしょう。

料金の精算	種類	SPI-G	SPI-U	JMAT	パソコンテスト
	重要度	★★☆☆☆	★★☆☆☆	★☆☆☆☆	★★☆☆☆

3〜4人で合計金額の支払いを分担した場合の精算です。必要な計算は自然数の足し算、引き算、割り算。

分割払い	種類	SPI-G	SPI-U	JMAT	パソコンテスト
	重要度	★☆☆☆☆	★★★☆☆	★☆☆☆☆	★★☆☆☆

分割で購入した場合の、支払いに関する問題ですが、実際の金額が出てこないのが特徴です。つまり、割合を分数で表すだけです。必要な計算は分数の引き算、足し算で、難度が高い場合は分数の掛け算。

割合	種類	SPI-G	SPI-U	JMAT	パソコンテスト
	重要度	★★☆☆☆	★☆☆☆☆	★★☆☆☆	★★☆☆☆

全体の数量、部分の数量、割合（パーセントや分数）の計算です。必要な計算は掛け算、割り算で、小数を含みます。

速さ・距離・時間	種類	SPI-G	SPI-U	JMAT	パソコンテスト
	重要度	★★★★★	★★★★★	★★★★★	★★★☆☆

文字どおり、速さ・距離・時間を求める問題です。必要な計算は掛け算、割り算で、小数、分数を含みます。〈時間〉と〈分〉の単位の換算が重要になります。

集合	種類	SPI-G	SPI-U	JMAT	パソコンテスト
	重要度	★★★★★	★★★☆☆	★★★★★	★★★☆☆

調査結果から条件に合う数値を求める問題で、図や表で解きます。必要な計算は自然数の足し算、引き算。

順列・組合せ	種類	SPI-G	SPI-U	JMAT	パソコンテスト
	重要度	★☆☆☆☆	★★★☆☆	★☆☆☆☆	★★★☆☆

ある条件を満たす場合の数を求める問題で、公式や樹形図を用いて求めます。必要な計算は掛け算、分数の約分。

確 率	種 類	SPI-G	SPI-U	JMAT	パソコンテスト
	重要度	★☆☆☆☆	★★★☆☆	★☆☆☆☆	★★★☆☆

「順列・組合せ」の公式などを活用し、ある条件を満たす確率を求めます。必要な計算は掛け算、分数の約分、分数の引き算。

物の流れ	種 類	SPI-G	SPI-U	JMAT	パソコンテスト
	重要度	★☆☆☆☆	★★★★★	★☆☆☆☆	★☆☆☆☆

物や人の流れる方向と比率を文字で表す問題です。必要な計算は文字式、小数の掛け算、足し算。

グラフの領域	種 類	SPI-G	SPI-U	JMAT	パソコンテスト
	重要度	★☆☆☆☆	★★★★★	★☆☆☆☆	★☆☆☆☆

2つの事柄の関係を表したグラフから読み取れる領域についての問題です。条件とグラフの関係をつかむことが鍵になります。計算はほとんど必要ありません。

$f(n)$の関数	種 類	SPI-G	SPI-U	JMAT	パソコンテスト
	重要度	★☆☆☆☆	★★★☆☆	★☆☆☆☆	★☆☆☆☆

1年ごとに上昇するアルバイトの時給といった、変化する数値が式で表され、そこから問われる値を求めます。必要な計算は、掛け算、足し算など。

資料の読み取り	種 類	SPI-G	SPI-U	JMAT	パソコンテスト
	重要度	★★★★★	★★★★★	★★★★★	★★★★★

表に入る数値を計算で求めるなど、表のデータを用いて計算する問題や、記述の正誤を判断する問題があります。必要な計算は掛け算、割り算などで、小数または分数を含みます。「百分率」の公式を利用します。

比 率	種 類	SPI-G	SPI-U	JMAT	パソコンテスト
	重要度	★☆☆☆☆	★☆☆☆☆	★☆☆☆☆	★★★☆☆

実数がなく比で示された3つの人口密度や濃度の比較をします。比から数値を仮定して計算すれば解けます。必要な計算は掛け算、割り算など。

長文の読み取り	種類	SPI-G	SPI-U	JMAT	パソコンテスト
	重要度	★☆☆☆☆	★☆☆☆☆	★☆☆☆☆	★★★☆☆

「資料の読み取り」と同様、文中のデータから記述の正誤を判断したり、計算をします。文中のデータから求められるものかどうかが鍵を握ることが多いようです。

推論の正誤	種類	SPI-G	SPI-U	JMAT	パソコンテスト
	重要度	★★★☆☆	★★★☆☆	★★★☆☆	★★★☆☆

不確かな情報について、「○が正しければ、□も正しい」という推論の正誤を判断します。情報を整理し、図式化しておくと簡単に解けます。計算は必要ありません。

順序	種類	SPI-G	SPI-U	JMAT	パソコンテスト
	重要度	★★★★★	★★★★★	★★★★★	★★★☆☆

条件から考えられる順位や順番を書き出し、推論の正誤を判断する問題です。樹形図を描いて求めます。計算は必要ありません。

対応関係	種類	SPI-G	SPI-U	JMAT	パソコンテスト
	重要度	★★★☆☆	★★★☆☆	★★★☆☆	★★★☆☆

曜日と出勤日の対応など、条件を表にして対応関係を判断します。手早く表を作ることが鍵になります。計算は必要ありません。

内訳	種類	SPI-G	SPI-U	JMAT	パソコンテスト
	重要度	★★★☆☆	★★★☆☆	★★★☆☆	★★★☆☆

グループ内の男女の構成などを、少ない情報から考えられるケースを想定し、推論の正誤を判断します。計算は必要ありません。

地図	種類	SPI-G	SPI-U	JMAT	パソコンテスト
	重要度	★★★★★	★☆☆☆☆	★★★★★	★★★☆☆

東西南北を手がかりに、いくつかの建物の位置関係を地図にしていきます。方角や距離の比率を正しくつかんで地図を描いて求めます。また、地図の縮尺から実際の長さや面積を求めるなどの計算問題も含まれます。必要な計算は小数の掛け算。

計算のおさらい

練習問題（小数）

次の小数の計算をしなさい。

① 3.02 ＋ 2.6

② 7.4 － 3.25

③ 0.9 × 0.25

④ 34 ÷ 8.5

⑤ 15 － 5 × 1.2

⑥ 0.6 ÷ 0.2 × 1.5

計算の基本のおさらい

- 足し算・引き算は、小数点の位置をそろえて計算する
- 掛け算は小数点を無視して計算してから、各々の小数点以下のケタ数を合計して、小数点の位置を決める
- 割り算は、割る数・割られる数とも小数点の位置を同じ位だけずらしてから計算する
- 掛け算・割り算の計算は、足し算・引き算より先に行う

練習問題（小数）の解答・解説

1 正解 **5.62**　速解の手引き 小数点の位置をそろえる

```
   3.02
 + 2.60
   5.62
```

小数点以下のケタ数がそろわないときは0を加える

2 正解 **4.15**　速解の手引き 小数点の位置をそろえる

```
   7.40
 − 3.25
   4.15
```

1 と同様に、0を加える

3 正解 **0.225**　速解の手引き 小数点の位置は無視して計算してから小数点を打つ

```
       25  ← 0.25
   ×    9  ← 0.9
      225  → 0.225
```

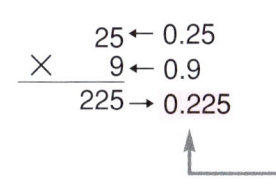

計算結果に、それぞれの数の小数点以下のケタ数を合わせる。
0.9（小数点以下は1ケタ）
0.25（小数点以下は2ケタ）
⇒1ケタ＋2ケタ＝3ケタ
225.0の小数点の位置を左に3ケタずらす。
⇒0.225

4 正解 **4**　速解の手引き 小数点の位置を同じだけずらす

$8.5 \to 85 \overline{)340} \leftarrow 34$
     　　　　$\underline{-340}$
     　　　　　　0
商 4

割られる数、割る数ともに整数になるように、小数点の位置を同じだけずらす。
8.5は小数点以下1ケタ⇒8.5が整数になるように、8.5と34を両方とも10倍する。
34÷8.5＝340÷85

5 正解 **9**　速解の手引き ×÷は＋−より先に

15−<u>5×1.2</u>＝15−6＝9

掛け算・割り算の計算は、足し算・引き算より先に行う

6 正解 **4.5**　速解の手引き ×÷が混在しているときは前から順に

0.6÷0.2×1.5＝3×1.5＝4.5

練習問題（分数）

次の分数の計算をしなさい。

[1] $\dfrac{3}{4} + \dfrac{1}{5}$　　　　　　[2] $\dfrac{7}{12} + \dfrac{5}{8} - \dfrac{2}{3}$

[3] $2 - \dfrac{3}{5}$　　　　　　　[4] $1\dfrac{2}{3} \times \dfrac{3}{8}$

[5] $\dfrac{4}{5} \div \dfrac{2}{3}$　　　　　　　[6] $\dfrac{5}{6} \times \dfrac{7}{8} \div 1.25$

計算の基本のおさらい

● $\dfrac{3}{4}$ （分子／分母）　　$1\dfrac{2}{3} = \dfrac{5}{3}$（例）
　　　　　　　　　　帯分数　仮分数

● **通分**…各分母の最小公倍数にそろえる

最小公倍数の求め方――12と8と3の場合

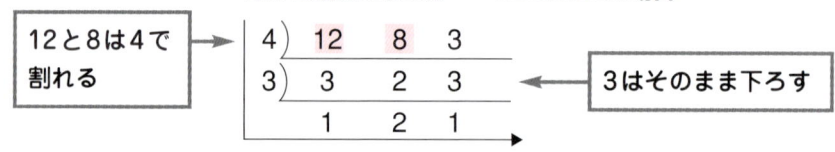

```
       4 ) 12   8   3
       3 )  3   2   3
            1   2   1
```

「12と8は4で割れる」　「3はそのまま下ろす」

縦・横すべての数字を掛け合わせる ➡ 4×3×1×2×1＝24

● **約分**…分母・分子ともに同じ数で割る
● **足し算・引き算**…通分して、分子どうしを足す・引く
● **掛け算**…分母・分子どうしを掛ける
● **割り算**…割る数を逆数にして掛ける

練習問題(分数)の解答・解説

1 正解 $\dfrac{19}{20}$ 　**速解の手引き** 通分して分子どうしを計算する

$$\dfrac{3}{4}+\dfrac{1}{5}=\dfrac{15}{20}+\dfrac{4}{20}=\dfrac{19}{20}$$

通分して分母をそろえ、分子を足す

2 正解 $\dfrac{13}{24}$ 　**速解の手引き** 通分して分子どうしを計算する

$$\dfrac{7}{12}+\dfrac{5}{8}-\dfrac{2}{3}=\dfrac{14}{24}+\dfrac{15}{24}-\dfrac{16}{24}=\dfrac{13}{24}$$

3 正解 $\dfrac{7}{5}$ $\left(1\dfrac{2}{5}\right)$ 　**速解の手引き** 整数を分数にする

$$2-\dfrac{3}{5}=\dfrac{10}{5}-\dfrac{3}{5}=\dfrac{7}{5}\left(=1\dfrac{2}{5}\right)$$

仮分数を帯分数にする場合は
$7\div 5=1$ あまり 2
$\Rightarrow 1\dfrac{2}{5}$

整数はもう一方と同じ分母の分数にする。分子は $2\times 5=10$

4 正解 $\dfrac{5}{8}$ 　**速解の手引き** 帯分数は仮分数にする

$$1\dfrac{2}{3}\times\dfrac{3}{8}=\dfrac{5}{3}\times\dfrac{3}{8}=\dfrac{5\times 3}{3\times 8}=\dfrac{5}{8}$$

$1\dfrac{2}{3}=\dfrac{3+2}{3}=\dfrac{5}{3}$

分母、分子それぞれを掛けるが、分母の3と分子の3で約分できる

5 正解 $\dfrac{6}{5}$ $\left(1\dfrac{1}{5}\right)$ 　**速解の手引き** 割り算は割る数の分母と分子を逆にして掛ける

$$\dfrac{4}{5}\div\dfrac{2}{3}=\dfrac{4}{5}\times\dfrac{3}{2}=\dfrac{6}{5}\left(=1\dfrac{1}{5}\right)$$

$\dfrac{4\times 3}{5\times 2}=\dfrac{6}{5}$

6 正解 $\dfrac{7}{12}$ 　**速解の手引き** 小数を分数に直す

$$\dfrac{5}{6}\times\dfrac{7}{8}\div 1.25=\dfrac{5}{6}\times\dfrac{7}{8}\div\dfrac{125}{100}=\dfrac{5}{6}\times\dfrac{7}{8}\times\dfrac{100}{125}=\dfrac{5\times 7\times 4}{6\times 8\times 5}$$
$$=\dfrac{7}{12}$$

1.25は小数点第2位まであるので、分母は100にする

練習問題（方程式）

次の方程式の x を求めなさい。

[1]　$x - 3 = 5$

[2]　$5x - 2 = 4 + 3x$

[3]　$2x - 2(3x - 4) = 10$

[4]　$1.4x + 3.8 = x - 1$

[5]　$\dfrac{1}{2}x + 2 = \dfrac{1}{3}x$

計算の基本のおさらい

❶ 移項とは、左辺または右辺の項を、符号を変えて逆の辺に移すこと

　　左辺 → $x - 2 = 3$ ← 右辺
　　　　　$x = 3 + 2$

❷ 係数とは、文字に掛け合わされている数のこと
　　$2x = 2 \times x$ …係数は2　　$-x = -1 \times x$ …係数は-1

❸ 分配法則とは、$a(b+c)$ の a を b と c にそれぞれに掛けて（　）をはずすことができる法則のこと

　　（例）$a(b+c) = ab + ac$

練習問題（方程式）の解答・解説

1 正解 $x = 8$

速解の手引き 移項して数字と文字を集める

$x - 3 = 5$
$\quad x = 5 + 3$
$\quad x = 8$

「−3」を移項。移項すると符号が変わるので、「+3」になる…36ページ①参照

2 正解 $x = 3$

速解の手引き 移行してまとめてから両辺を係数で割る

$5x - 2 = 4 + 3x$
$5x - 3x = 4 + 2$
$\quad 2x = 6$
$\quad\; x = 3$

移項する…同①参照

両辺を x の係数 2 で割る…同②参照

3 正解 $x = -\dfrac{1}{2}$

速解の手引き （ ）をはずす（分配法則）

$2x - 2(3x - 4) = 10$
$2x - 6x + 8 = 10$
$-4x = 10 - 8 = 2 \div (-4)$
$\quad x = -\dfrac{1}{2}$

分配法則で、（ ）をはずす…同③参照

両辺を x の係数 −4 で割る…同②参照

4 正解 $x = -12$

速解の手引き 両辺に10を掛けて小数を整数にする

$1.4x + 3.8 = x - 1$
$14x + 38 = 10x - 10$
$14x - 10x = -10 - 38$
$\quad 4x = -48$
$\quad\; x = -12$

小数を整数にするため、両辺の各項に10を掛ける

両辺を x の係数 4 で割る…同②参照

5 正解 $x = -12$

速解の手引き 両辺に6を掛けて分数を整数にする

$\dfrac{1}{2}x + 2 = \dfrac{1}{3}x$

$\dfrac{1}{2}x \times 6 + 2 \times 6 = \dfrac{1}{3}x \times 6$

$3x + 12 = 2x$
$3x - 2x = -12 \;\Rightarrow\; x = -12$

両辺の各項に $\dfrac{1}{2}x$ と $\dfrac{1}{3}x$ の分母の最小公倍数6をすべてに掛けて、分数を整数に

移項する…同①参照

本書に出てくる重要な公式

- ●定価＝原価／仕入値×（1＋利益率） ……………「2 損益算」参照
  原価／仕入値＝定価÷（1＋利益率）
  売価＝定価×（1－割引率）
  利益＝原価／仕入値×利益率

- ●部分＝全体×割合 ………………………………………「5 割合」参照
  全体＝部分÷割合
  割合＝部分÷全体

- ●距離＝速さ×時間 ………………………「6 速さ・距離・時間」参照
  速さ＝距離÷時間
  時間＝距離÷速さ

- ●〈順列〉 総数nP並べる数r $= n\mathrm{P}r$
  $= n(n-1)(n-2) \cdots (n-r+1)$
  ………………………………………「9 順列・組合せ」参照

- ●〈組合せ〉 総数nC選ぶ数r $= \dfrac{n(n-1)(n-2) \cdots (n-r+1)}{r(r-1)(r-2) \cdots \times 1}$
  ………………………………………「9 順列・組合せ」参照

- ●確率　$p = \dfrac{a}{n}$　　n：起こりうるすべての場合の数
  　　　　　　　　　a：ある事柄が起こる場合の数
  ……………………………………………………「10 確率」参照

- ●食塩水濃度（％）＝食塩の量÷食塩水の量×100
  ……………………………………………………「16 比率」参照
- ●人口密度＝人口÷面積 ………………………………「16 比率」参照

2ケタの掛け算

※特に太字の数字は覚えておくと役に立ちます

×	2	3	4	5	6	7	8	9	10	11	12	13	14	15	16	17	18	19	20
11	22	33	44	55	66	77	88	99	110	121	132	143	154	165	176	187	198	209	220
12	**24**	**36**	**48**	**60**	**72**	**84**	**96**	**108**	**120**	**132**	**144**	**156**	**168**	**180**	**192**	**204**	**216**	**228**	**240**
13	26	39	52	65	78	91	104	117	130	143	156	169	182	195	208	221	234	247	260
14	28	42	56	70	84	98	112	126	140	154	168	182	196	210	224	238	252	266	280
15	**30**	**45**	**60**	**75**	**90**	**105**	**120**	**135**	**150**	**165**	**180**	**195**	**210**	**225**	**240**	**255**	**270**	**285**	**300**
16	**32**	**48**	**64**	**80**	**96**	**112**	**128**	**144**	**160**	**176**	**192**	**208**	**224**	**240**	**256**	**272**	**288**	**304**	**320**
17	34	51	68	85	102	119	136	153	170	187	204	221	238	255	272	289	306	323	340
18	**36**	**54**	**72**	**90**	**108**	**126**	**144**	**162**	**180**	**198**	**216**	**234**	**252**	**270**	**288**	**306**	**324**	**342**	**360**
19	38	57	76	95	114	133	152	171	190	209	228	247	266	285	304	323	342	361	380
20	40	60	80	100	120	140	160	180	200	220	240	260	280	300	320	340	360	380	400
21	42	63	84	105	126	147	168	189	210	231	252	273	294	315	336	357	378	399	420
22	44	66	88	110	132	154	176	198	220	242	264	286	308	330	352	374	396	418	440
23	46	69	92	115	138	161	184	207	230	253	276	299	322	345	368	391	414	437	460
24	**48**	**72**	**96**	**120**	**144**	**168**	**192**	**216**	**240**	**264**	**288**	**312**	**336**	**360**	**384**	**408**	**432**	**456**	**480**
25	**50**	**75**	**100**	**125**	**150**	**175**	**200**	**225**	**250**	**275**	**300**	**325**	**350**	**375**	**400**	**425**	**450**	**475**	**500**

2章 非言語能力問題 ▼ 計算のおさらい

1 料金の割引

重要度 ★★★☆☆

頻出問題

ある美術館の入館料は1人800円だが、25人を超える団体の場合は、20人を超えた人数分の入館料が20％引きになる。

[1] 解答時間 **1**分

22人の団体が入館すると、入館料の総額はいくらになるか。

- A 14080円
- B 15600円
- C 16040円
- D 16800円
- E 17200円
- F 17600円
- G 18400円
- H A〜Gのいずれでもない

[2] 解答時間 **1**分

30人の団体が入館すると、入館料の総額はいくらになるか。

- A 19200円
- B 20400円
- C 21800円
- D 22400円
- E 23200円
- F 24000円
- G 25600円
- H A〜Gのいずれでもない

スピード解法のポイント

総額＝正規料金合計＋割引料金合計

- 正規料金合計＝正規料金×人数／個数
- 割引料金合計＝割引料金×人数／個数
- 割引料金が A ％引きという場合

  割引料金＝正規料金×$\left(1-\dfrac{A}{100}\right)$

頻出問題の解答・解説

1 正解 F

速解の手引き 正規料金×人数＝答え

問題文では「25人を超える団体の場合は、20人を超えた人数分の入館料が20％引きになる」とあるので、22人の団体が入館しても、割引は適用されない。したがって、<u>正規料金×人数</u>のみで求められる。
800×22＝17600（円）

2 正解 D

速解の手引き 正規料金合計＋割引料金合計＝答え

30人の団体なので、「20人を超えた人数分の入館料が20％引き」が適用される。したがって、**正規料金合計（正規料金×人数）＋割引料金合計（割引料金×人数）**で求められる。

1st step 正規料金合計＝正規料金×人数
800×20＝16000（円）

2nd step 割引料金合計＝割引料金×人数

✍割引料金を求める

A％割引

割引料金＝正規料金×$(1-\frac{A}{100})$ なので

$800 \times (1-\frac{20}{100}) = 800 \times \frac{80}{100} = 640$（円）

> 0.2、0.8としてもよい

✍人数を求めて、合計を計算する

割引が適用されるのは「20人を超えた人数分」なので
30－20＝10（人）　　640×10＝6400（円）

3rd step 総額＝正規料金合計＋割引料金合計
16000＋6400＝22400（円）

（式をまとめる）

$800 \times 20 + 800 \times (1-\frac{20}{100}) \times (30-20)$
$= 22400$（円）

基本 練習問題

ある鉄道会社の乗車料金は、正規の大人料金の半額が子供料金である。また、大人、子供合わせて15人以上で団体割引が適用され、その団体全体について大人は15％引き、子供は10％引きとなる。

1 解答時間 1 分

正規の大人料金が1800円のところへ、大人6人、子供8人で乗車するときの料金の総額はいくらか。

- **A** 14040円
- **B** 15800円
- **C** 16200円
- **D** 17020円
- **E** 18000円
- **F** 19060円
- **G** 20800円
- **H** A〜Gのいずれでもない

2 解答時間 1 分 20 秒

正規の大人料金が2000円のところへ、大人12人、子供6人で乗車するときの料金の総額はいくらか。

- **A** 20600円
- **B** 22400円
- **C** 24000円
- **D** 25800円
- **E** 27000円
- **F** 28800円
- **G** 30000円
- **H** A〜Gのいずれでもない

ヒント

団体割引が適用されるかどうかに注意しよう

基本 練習問題の解答・解説

1 正解 E

速解の手引き （大人の料金の合計）＋（子供の料金の合計）＝答え

問題文では「大人、子供合わせて15人以上で団体割引が適用され」とあるので、「大人6人、子供8人で乗車するとき」は合計で14人であるから、団体割引は適用されない。
また、「正規の大人料金の半額が子供料金である」から、大人料金1800円ならば子供料金は　$1800 \times \dfrac{1}{2} = 900$（円）

$1800 \times 6 + 900 \times 8 = 18000$（円）

　　　　↑大人の人数　　↑子供の人数

2 正解 D

速解の手引き （大人の割引料金の合計）＋（子供の割引料金の合計）＝答え

大人12人、子供6人の合計18人なので、団体割引は適用される。ここでは、団体全員に割引料金が適用されるが、大人と子供の料金の違いと割引率の違いがある。

割引料金合計＝大人の割引料金×人数＋子供の割引料金×人数

1st step 大人の割引料金×人数　　←大人の団体割引率

$$2000 \times \left(1 - \dfrac{15}{100}\right) \times 12 = 1700 \times 12 = 20400 \text{（円）}$$

2nd step 子供の割引料金×人数　　←子供の団体割引率

$$2000 \times \dfrac{1}{2} \times \left(1 - \dfrac{10}{100}\right) \times 6 = 900 \times 6 = 5400 \text{（円）}$$

3rd step 総額＝大人料金合計＋子供料金合計

$20400 + 5400 = 25800$（円）

（式をまとめる）

$$2000 \times \left(1 - \dfrac{15}{100}\right) \times 12 + 2000 \times \dfrac{1}{2} \times \left(1 - \dfrac{10}{100}\right) \times 6$$
$$= 25800 \text{（円）}$$

応用 練習問題

あるホテルの宿泊料金は、1人あたり6200円である。しかし、16人以上の団体ならば、15人を超える分については1人あたり2000円の割引になる。

1 解答時間 1分20秒

40人の団体が、20人ずつ2度に分けて宿泊する場合と、40人全員で一度に宿泊する場合で、料金の総額の差はいくらか。

- A　28000円
- B　29000円
- C　30000円
- D　31000円
- E　32000円
- F　33000円
- G　34000円
- H　A～Gのいずれでもない

2 解答時間 1分20秒

1人あたりの宿泊料金を4800円にするためには、何人の団体で宿泊する必要があるか。

- A　48人
- B　50人
- C　52人
- D　56人
- E　60人
- F　64人
- G　68人
- H　A～Gのいずれでもない

ヒント

正規料金、割引料金、総額の関係をつかもう

応用 練習問題の解答・解説

1 正解 C

速解の手引き （全員で一度の宿泊料）－（2度に分けた宿泊料）＝答え

1st step 40人で宿泊した場合の総額を求める。
正規料金×人数＋割引料金×人数
$6200 \times 15 + (6200 - 2000) \times (40 - 15)$
$= 93000 + 4200 \times 25$
$= 93000 + 105000 = 198000$（円）

2nd step 20人ずつで宿泊した場合の総額を求める。
$\{6200 \times 15 + (6200 - 2000) \times (20 - 15)\} \times 2$
$= (93000 + 4200 \times 5) \times 2$
$= 114000 \times 2 = 228000$（円）

> **1st step** で求めているので、最初から93000、4200とすることができる

3rd step 差額を求める。
$228000 - 198000 = 30000$（円）

別解 それぞれの割引される額の差を求める。
40人の場合　割引対象者は　$40 - 15 = 25$（人）
$2000 \times 25 = 50000$（円）
20人ずつの場合　割引対象者は $(20 - 15) \times 2 = 10$（人）
$2000 \times 10 = 20000$（円）
差額は、$50000 - 20000 = 30000$（円）

> このほうが簡単！

2 正解 B

速解の手引き （正規料金＋割引料金）＝ 4800×団体の人数

1st step 1人あたりの宿泊料金が4800円になる団体の人数を x 人とおく。
総額＝正規料金＋割引料金
$6200 \times 15 + (6200 - 2000) \times (x - 15)$

> 15人を超える人数

2nd step 総額＝1人あたりの料金×人数　　$4800x$

3rd step 方程式にして、x を求める。
$93000 + 4200(x - 15) = 4800x$
$x = 50$（人）

2 損益算

重要度 ★★★★★

頻出問題

ある商店では、原価に2割5分の利益を乗せて定価を設定している。

1 解答時間 **1**分

定価2250円の商品の原価はいくらか。

- A 1500円
- B 1600円
- C 1680円
- D 1750円
- E 1800円
- F 1850円
- G 1900円
- H A〜Gのいずれでもない

2 解答時間 **1**分**20**秒

原価780円の商品を定価で販売し、20000円以上の利益を得るには、この商品を最低何個売ればよいか。

- A 76個
- B 88個
- C 94個
- D 103個
- E 115個
- F 130個
- G 142個
- H A〜Gのいずれでもない

スピード解法のポイント

原価／仕入値×（1＋利益率）＝定価

- ●定価÷（1＋利益率）＝原価／仕入値
- ●売価÷（1－割引率）＝定価
  売価…定価から割引をして売る価格。売り値
- ●定価×（1－割引率）＝売価
- ●原価／仕入値×利益率＝利益

歩合と百分率
x割＝$\frac{x}{10}$、y分＝$\frac{y}{100}$、z％＝$\frac{z}{100}$

頻出問題の解答・解説

1 正解 E

速解の手引き 定価2250（円）÷（1＋利益率）＝答え

定価÷（1＋利益率）＝原価（仕入値）の公式で解く。

$$2250 \div \left(1+\frac{25}{100}\right) = 2250 \div \frac{125}{100} = 2250 \times \frac{100}{125} = 1800 \text{（円）}$$

別解 原価を x とおき、方程式を立てる。

原価×（1＋利益率）＝定価の公式を利用して、

$$x \times \left(1+\frac{25}{100}\right) = 2250$$

$$\frac{125}{100}x = 2250$$

> 小数で1.25でもよいが、分数で約分して求めると計算が速い

$$x = 2250 \div \frac{125}{100} = 2250 \times \frac{100}{125} = 1800 \text{（円）}$$

2 正解 D

速解の手引き 利益20000（円）÷1個の利益＝答え

1st step 定価を求めずに、**利益だけを考える**。

原価／仕入値×利益率＝利益の公式で、商品1個の利益を求める。

原価780円に対して利益率は2割5分なので、
商品1個の利益は、

$$780 \times \frac{25}{100} = 195 \text{（円）}$$

2nd step 20000円以上の利益にするために必要な個数を求める。

20000 ÷ 195 ≒ 102.5（個）

> 小数になったら、次に大きい自然数が答え

計算の結果が小数になったが、
個数なので必ず自然数にならなければならない。
102個では、195×102＝19890（円）にしかならないので、最低**103個**となる。

195×103＝20085（円）

基本 練習問題

ある商店では、商品を定価の20％引きで販売している。

1 解答時間 **1分**

原価の20％の利益を得るためには、原価500円の商品の定価はいくらに決めればよいか。

- **A** 550円
- **B** 600円
- **C** 620円
- **D** 680円
- **E** 700円
- **F** 720円
- **G** 750円
- **H** A〜Gのいずれでもない

2 解答時間 **1分20秒**

1個につき120円の利益を得るためには、原価1000円の定価はいくらに決めればよいか。

- **A** 1100円
- **B** 1120円
- **C** 1200円
- **D** 1280円
- **E** 1360円
- **F** 1400円
- **G** 1450円
- **H** A〜Gのいずれでもない

ヒント

原価、定価、利益、利益率など、
用語の指すものを正しく覚えよう

練習問題の解答・解説

1 正解 **G**　　**速解の手引き**　原価500（円）×（1＋利益率）÷（1－割引率）＝答え

1st step 売価を求める。原価に20％の利益を上乗せするので、

$$500 \times \left(1 + \frac{20}{100}\right) = 600 \text{（円）}$$

2nd step 定価を求める。**売価÷（1－割引率）＝定価**の公式から、

$$600 \div \left(1 - \frac{20}{100}\right) = 600 \div \frac{80}{100} = \overset{150}{600} \times \frac{\overset{5}{100}}{\underset{4}{80}} = 750 \text{（円）}$$

別解 定価を x とおき、方程式で解く。
原価×（1＋利益率）＝定価×（1－割引率）

$$500 \times \left(1 + \frac{20}{100}\right) = x \times \left(1 - \frac{20}{100}\right)$$

$$x = 750 \text{（円）} \qquad \boxed{x = 600 \times \frac{100}{80}}$$

---

2 正解 **F**　　**速解の手引き**　売価÷（1－割引率）＝答え

1st step 売価を求める。

原価1000円の商品で、120円の利益を得るための売価は、
$1000 + 120 = 1120$（円）

　　　　　　　　　　　　原価＋利益＝売価

2nd step 定価を求める。

売価÷（1－割引率）＝定価の公式を利用して、

$$1120 \div \left(1 - \frac{20}{100}\right) = 1120 \div \frac{80}{100} = \overset{280}{1120} \times \frac{\overset{5}{100}}{\underset{4}{80}} = 1400 \text{（円）}$$

別解 定価を x とおき、**定価×（1－割引率）＝売価**の公式で解く。

$$x \times \left(1 - \frac{20}{100}\right) = 1120 \Rightarrow x = 1400 \text{（円）} \qquad \boxed{x = 1120 \times \frac{100}{80}}$$

応用 練習問題

ある商品は、仕入値の5割の利益を見込んで定価をつけて、その2割引で売っても、1個につき400円の利益が見込める。

1 解答時間 **1分30秒**

この商品の仕入値はいくらか。

- A　1200円
- B　1500円
- C　1600円
- D　1800円
- E　2000円
- F　2400円
- G　2700円
- H　A〜Gのいずれでもない

2 解答時間 **1分**

この商品を100個仕入れ、その60％を定価で売り、残りを2割引で売る場合、利益は合計でいくらになるか。

- A　40000円
- B　76000円
- C　96000円
- D　128000円
- E　168000円
- F　276000円
- G　288000円
- H　A〜Gのいずれでもない

ヒント

利益率と割引率をしっかり区別しよう

応用 練習問題の解答・解説

1 正解 E

速解の手引き $x(1+利益率)(1-割引率)-x=利益$

1st step 仕入値を x 円とおき、定価を表す。
定価＝仕入値×（1＋利益率）なので、
この商品の定価は $x \times \left(1+\dfrac{5}{10}\right)$ ← 利益率

2nd step 定価をもとにして、売価を表す。
売価＝定価×（1－割引率）なので、
この商品の売価は $x \times \left(1+\dfrac{5}{10}\right) \times \left(1-\dfrac{2}{10}\right)$

3rd step 方程式を立てて x を求める。 ← 割引率
売価－仕入値＝利益なので、

$$x \times \left(1+\dfrac{5}{10}\right) \times \left(1-\dfrac{2}{10}\right) - x = 400$$

$$x \times \dfrac{15}{10} \times \dfrac{8}{10} - x = 400$$

$$\dfrac{12}{10}x - x = 400$$

$$\dfrac{2}{10}x = 400$$

$$x = 400 \times \dfrac{10}{2} = 2000 \text{（円）}$$

> 分母は10のほうが計算しやすいので、これ以上は約分しなくてよい

2 正解 B

速解の手引き 60個分の利益＋40個分の利益＝答え

「仕入値の5割の利益」は、2000×0.5＝1000（円）
100個の60％は、100×0.6＝60（個）
100個仕入れたうちの60個が、1個につき1000円の利益になるので、
1000×60＝60000（円）
残り40個は、1個につき400円の利益になるので、 ← 問題文の前提
400×40＝16000（円）
合計　60000＋16000＝76000（円）

3 料金の精算

重要度 ★★★☆☆

頻出問題

P、Q、Rの3人でクリスマス・パーティーを行った。Pは食べ物の代金11700円を支払い、Qはワインの代金4300円を支払い、Rはケーキと装飾雑貨の代金5600円を支払った。

1 解答時間 **1分**

3人が同額ずつ負担するには、QとRは、Pにそれぞれいくら支払えばよいか。

- **A** Qは2400円、Rは1500円
- **B** Qは2900円、Rは1600円
- **C** Qは3100円、Rは1900円
- **D** Qは3500円、Rは2100円
- **E** Qは1500円、Rは2400円
- **F** Qは1600円、Rは2900円
- **G** Qは1900円、Rは3100円

スピード解法のポイント

支払い額の和÷人数＝1人分の額

- ●差額＝実際の支払い額－1人分の支払い額
  または
  　　＝1人分の支払い額－実際の支払い額

頻出問題の解答・解説

1 正解 B

速解の手引き 支払い合計÷3－実際の支払い額

1st step 3人の支払い合計額を求める。
11700＋4300＋5600＝21600（円）

2nd step 均等割りした1人分の支払い額を求める。
21600÷3＝7200（円）

> 慣れたら、1つの式にまとめよう
> （11700＋4300＋5600）÷3＝7200

3rd step QとRそれぞれについて、実際の支払い額との差額を求める。
Qの差額は7200－4300＝2900（円）
Rの差額は7200－5600＝1600（円）

> 選択肢に「Qは2900円」はBしかないので、Rまで求めなくてもOK

よって、Qは2900円、Rは1600円をPに対して支払えばよい。

> 引き算の暗算が得意な人にお勧め！

別解 選択肢から考える。
QとRの支払い額の差額は、5600－4300＝1300（円）で、Qのほうが1300円少ない。
したがって、Pへの支払い額は、QのほうがRより1300円多くなる。
選択肢の中で、QのほうがRより1300円多いのは、選択肢Bだけである。

> 選択肢から答えを導き出すやり方もある

練習問題

P、Q、Rの3人がドライブに行った。Pは3人分の昼食代6700円を支払い、Qは夕食のバーベキュー代8900円を支払った。

1 解答時間 1分

この時点で3人が同額ずつ負担するとすれば、Rはだれにいくら支払えばよいか。

- A　Pに900円、Qに4000円
- B　Pに1500円、Qに3700円
- C　Pに1700円、Qに3300円
- D　Pに2200円、Qに2700円
- E　Pに4000円、Qに900円
- F　Pに3700円、Qに1500円
- G　Pに5100円、Qに2200円

2 解答時間 1分

レンタカー代と往復のガソリン代、通行料は総額で13200円かかり、Rが支払った。ドライブにかかった費用（昼食代・夕食代を含む）を3人が同額ずつ負担するとすれば、PとQは、Rにいくらずつ支払えばよいか。

- A　Pは2900円、Qは700円
- B　Pは3300円、Qは1500円
- C　Pは3900円、Qは1700円
- D　Pは4100円、Qは2100円
- E　Pは3500円、Qは2700円
- F　Pは3900円、Qは1700円
- G　Pは1700円、Qは3900円

ヒント

1人分の負担額はいくらになるのか考えよう

練習問題の解答・解説

1 正解 B

速解の手引き 支払い合計÷3ー実際の支払い額

1st step 昼食代と夕食代の合計額から、均等割りした1人分の負担額を求める。
$(6700 + 8900) \div 3 = 15600 \div 3 = 5200$（円）

2nd step PとQについて、実際の支払い額との差額を求める。
Pの差額は　$6700 - 5200 = 1500$（円）
Qの差額は　$8900 - 5200 = 3700$（円）

> 選択肢に「Pに1500円」はBしかないので、Qまで求めなくてもOK

よって、RはPに1500円、Qに3700円を支払えばよい。

2 正解 A

速解の手引き 支払い合計÷3ー実際の支払い額

1st step 合計額から、均等割りした1人分の負担額を求める。
$(6700 + 8900 + 13200) \div 3 = 28800 \div 3 = 9600$（円）

2nd step PとQについて、実際の支払い額との差額を求める。
Pの差額は　$9600 - 6700 = 2900$（円）
Qの差額は　$9600 - 8900 = 700$（円）

> 選択肢に「Pは2900円」はAしかないので、Qまで求めなくてもOK

よって、Pは2900円、Qは700円をRに支払えばよい。

別解 Rの支払い額のみ3等分する。
$13200 \div 3 = 4400$（円） ← 均等割りした1人分の交通費

ここから、1で求めたRから
P、Qへの差額支払い分（昼食代・夕食代の差額）を引く。
PがRに支払う額は　$4400 - 1500 = 2900$（円）
QがRに支払う額は　$4400 - 3700 = 700$（円）

応用 練習問題

P、Q、RでSの誕生日のお祝いをすることになった。準備のためにPは料理の材料の代金9800円を支払い、Qはケーキと飲み物の代金6300円を支払った。また、Rは3人を代表して1万円の予算でプレゼントを買ってくることになっていた。

1 解答時間 1分

Rが予算どおりのプレゼントを買った場合、3人が同額を負担するように精算すると、Qは、PとRにいくら払えばよいか。

- **A** Pに1450円、Rに1250円
- **B** Pに1300円、Rに1100円
- **C** Pに1250円、Rに1450円
- **D** Pに1150円、Rに950円
- **E** Pに1100円、Rに1300円
- **F** Pに950円、Rに1150円
- **G** Pに800円、Rに1000円

2 解答時間 1分

実際にはRの買ったプレゼントは予算を超過して、3人が同額を負担するように精算すると、Pは150円だけ受け取ることになった。Rの買ったプレゼントはいくらか。

- **A** 11550円
- **B** 11950円
- **C** 12150円
- **D** 12850円
- **E** 13350円
- **F** 13750円
- **G** 14250円
- **H** A～Gのいずれでもない

> **ヒント**
> 条件が加わって複雑になっても、
> 1人分の負担額を算出するという手順は同じ

応用 練習問題の解答・解説

1 正解 E

速解の手引き 支払い合計÷3ー実際の支払い額＝答え

1人あたりの負担額を求める。
プレゼントの予算は10000円なので、1人あたりの負担額は、
(9800＋6300＋10000)÷3＝26100÷3＝8700（円）
Pの差額は 9800－8700＝1100（円）
Rの差額は 10000－8700＝1300（円）

> 選択肢に「Pに1100円」はEしかないので、Rまで求めなくてもOK

よって、QはPに1100円、Rに1300円を支払えばよい。

2 正解 D

速解の手引き (P－150)×3－(P＋Q)＝答え

Pが**150円受け取った**ということは、
1人あたりの負担額は
9800－150＝**9650**（円）

[1人あたりの負担額]

> ■間違いやすいポイント■
> 「150円受け取った」を、9800円に上乗せして支払ったと勘違いして、9800＋150＝9950（円）としないこと

3人の負担額の総額は
9650×3＝28950（円）
Rが支払ったプレゼント代金は、
総額からP、Qの支払い額を引いたものなので、

28950－(9800＋6300)＝12850（円）

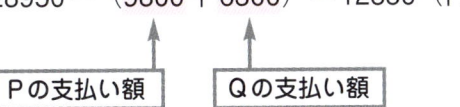

[Pの支払い額] [Qの支払い額]

よって、Rが支払ったプレゼント代金は、12850円。

> 問題が複雑そうでも、手順通りに解いていけばOK

4 分割払い

重要度 ★★☆☆☆

頻出問題

車を12回の分割払いで購入した。初回は車の代金全体の $\frac{1}{9}$ を支払い、2回目以降は初回支払い後の残額を均等割りして支払うことになった。

[1] 解答時間 **1分**

2回目の支払い額は車の代金全体のどれだけにあたるか。

A $\frac{1}{10}$ B $\frac{1}{11}$ C $\frac{1}{12}$ D $\frac{2}{27}$ E $\frac{8}{99}$

F $\frac{13}{99}$ G $\frac{11}{197}$ H A～Gのいずれでもない

[2] 解答時間 **1分**

5回目の支払いが済んだ時点で、支払い済み額は車の代金全体のどれだけにあたるか。

A $\frac{3}{5}$ B $\frac{4}{9}$ C $\frac{10}{33}$ D $\frac{17}{33}$ E $\frac{40}{99}$

F $\frac{43}{99}$ G $\frac{47}{99}$ H A～Gのいずれでもない

スピード解法のポイント

支払い額が示されていない場合、支払い総額を1とおく

- 「代金全体の $\frac{1}{a}$」を支払った場合、残額の割合は $\left(1 - \frac{1}{a}\right)$
- b 回で均等割りするときは、b で割る

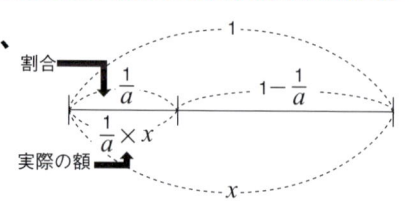

頻出問題の解答・解説

1 正解 E

速解の手引き $(1 - \frac{1}{9}) \div$ 残りの支払い回数＝答え

1st step 残りの支払い額を求める。

$$1 - \frac{1}{9} = \frac{8}{9}$$

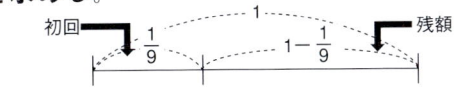

初回 → $\frac{1}{9}$　　$1 - \frac{1}{9}$ ← 残額

2nd step 残りの支払い額を、残りの支払い回数（11回）で割る。

$$\frac{8}{9} \div 11 = \frac{8}{9} \times \frac{1}{11} = \frac{8}{99}$$

> 分数の割り算は、逆数を掛ける
> 逆数とは、分母と分子を逆にした数
> $11 = \frac{11}{1}$　　逆数は $\frac{1}{11}$

よって、2回目の支払い額は車の代金全体の $\frac{8}{99}$。

2 正解 F

速解の手引き 1回目の支払い額＋2〜5回目の支払い額＝答え

1回目の支払いは $\frac{1}{9}$ …①

2回目以降の1回分の支払いは、1より $\frac{8}{99}$ なので、

2回目から5回目までの4回分の支払い合計は $\frac{8}{99} \times 4 = \frac{32}{99}$ …②

5回目までの支払い合計は、①＋②で求められる。

$$\frac{1}{9} + \frac{32}{99} = \frac{11}{99} + \frac{32}{99} = \frac{43}{99}$$

> 2回目、3回目、4回目、5回目なので4回分

> 分数の足し算は、分母を通分して、分子どうしを足す
> 通分は、$\frac{1}{9}$ と $\frac{32}{99}$ だと、$\frac{1 \times 11}{9 \times 11} = \frac{11}{99}$ で、$\frac{32}{99}$ と分母がそろう

よって、5回目支払い後の支払い済み額は車の代金全体の $\frac{43}{99}$。

基本 練習問題

新しいソファーを購入した。支払いは10回の分割払いとし、購入日に1回目の支払いとして全体の $\frac{1}{7}$ を支払い、2回目以降は均等に支払うことにした。

1 解答時間 **1**分

4回目の支払い額は総額のどれだけにあたるか。

A $\frac{1}{7}$ B $\frac{1}{9}$ C $\frac{1}{10}$

D $\frac{2}{21}$ E $\frac{4}{21}$ F $\frac{2}{63}$

G $\frac{3}{70}$ H A～Gのいずれでもない

2 解答時間 **1**分

6回目の支払いが済んだ時点では、支払い残高は支払い総額のどれだけにあたるか。

A $\frac{3}{5}$ B $\frac{4}{5}$ C $\frac{5}{7}$

D $\frac{6}{7}$ E $\frac{8}{21}$ F $\frac{10}{21}$

G $\frac{13}{21}$ H A～Gのいずれでもない

基本 練習問題の解答・解説

1 正解 D

速解の手引き （1−1回目の割合）÷（残りの回数）＝答え

1回目の支払い後の残額は $1-\dfrac{1}{7}=\dfrac{6}{7}$

2回目以降の支払いは均等なので、
残額を残りの支払い回数（9回）で割る。

$$\dfrac{6}{7}\div 9 = \dfrac{\overset{2}{\cancel{6}}}{7}\times\dfrac{1}{\underset{3}{\cancel{9}}} = \dfrac{2\times 1}{7\times 3} = \dfrac{2}{21}$$

> 6と9を約分してから計算しよう！

2回目以降の支払い額はすべて同じなので、
4回目の支払い額は総額の $\dfrac{2}{21}$ となる。

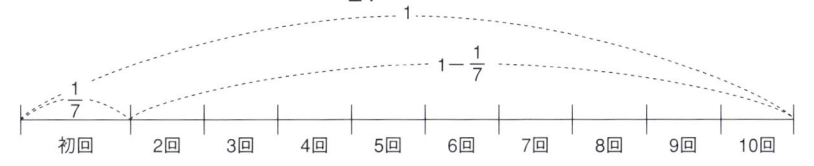

```
         ┌──────────── 1 ────────────┐
         ┌ 1/7 ┐┌──── 1−1/7 ────┐
         ├──┬──┬──┬──┬──┬──┬──┬──┬──┤
         初回 2回 3回 4回 5回 6回 7回 8回 9回 10回
```

2 正解 E

速解の手引き 支払い総額−支払い済み額の合計＝答え

1回目の支払い額は $\dfrac{1}{7}$ …①

2回目以降の1回分の支払い額は 1 より $\dfrac{2}{21}$ なので、

> 2回目〜6回目までの5回分

2回目から6回目までの支払い合計は $\dfrac{2}{21}\times 5 = \dfrac{10}{21}$ …②

初回から6回目までの支払い総額は、①＋②で求められる。

$$\dfrac{1}{7}+\dfrac{10}{21}=\dfrac{3}{21}+\dfrac{10}{21}=\dfrac{13}{21}$$

↑ 分母を通分

残額は、 $1-\dfrac{13}{21}=\dfrac{8}{21}$

↑ 支払い総額は1

よって、6回目の支払い後の支払い残高は支払い総額の $\dfrac{8}{21}$ となる。

応用 練習問題

ある人が大型冷蔵庫を買うにあたって、3回払いとし、1回目は購入時、2回目は夏のボーナス時、3回目は冬のボーナス時に支払うことになった。1回目は購入金額の $\frac{1}{6}$ を支払い、2回目は1回目の支払い後の残額の $\frac{4}{7}$ を、3回目は残額すべてを支払うことにした。

1 解答時間1分

2回目の支払い額は、購入金額のどれだけにあたるか。

- A $\frac{1}{14}$
- B $\frac{2}{21}$
- C $\frac{5}{42}$
- D $\frac{5}{24}$
- E $\frac{5}{14}$
- F $\frac{17}{42}$
- G $\frac{10}{21}$
- H A〜Gのいずれでもない

2 解答時間1分

2回目の支払いのときにゆとりがあったので、実際には支払い予定金額の $\frac{1}{6}$ 多く支払った。その場合、3回目で残額をすべて支払うとすると、3回目の支払い額は購入金額のどれだけにあたるか。

- A $\frac{5}{14}$
- B $\frac{5}{18}$
- C $\frac{2}{21}$
- D $\frac{4}{21}$
- E $\frac{5}{24}$
- F $\frac{5}{42}$
- G $\frac{11}{42}$
- H A〜Gのいずれでもない

応用 練習問題の解答・解説

1 正解 **G**　速解の手引き $(1-\frac{1}{6})\times\frac{4}{7}$＝答え

1回目の支払い後の残額は　$1-\frac{1}{6}=\frac{5}{6}$

2回目の支払い額は1回目の支払い後の残額の $\frac{4}{7}$ なので、

$$\frac{5}{\cancel{6}_3}\times\frac{\cancel{4}^2}{7}=\frac{5\times 2}{3\times 7}=\frac{10}{21}$$

> 6と4を約分してから計算しよう！

よって、2回目の支払い額は、購入金額の $\frac{10}{21}$ となる。

2 正解 **B**　速解の手引き 1－（1回目の支払い額＋2回目の支払い額）＝答え

2回目の実際の支払い額は、予定金額×$(1+\frac{1}{6})$ で求められる。

> 割合で「x の $\frac{b}{a}$ 多い」は、
> $x\times(1+\frac{b}{a})$

> 「予定金額の $\frac{1}{6}$ 多く」を $\frac{10}{21}+\frac{1}{6}$ としないこと

1より2回目の支払い予定金額は $\frac{10}{21}$ なので、

2回目の実際の支払い額は、$\frac{10}{21}\times(1+\frac{1}{6})=\frac{\cancel{10}^5}{\cancel{21}_3}\times\frac{\cancel{7}}{\cancel{6}_3}=\frac{5}{9}$

したがって、3回目の支払い額は、
購入金額から初回分と2回目の支払い額を引けばよいので、

$1-(\frac{1}{6}+\frac{5}{9})=1-\frac{13}{18}=\frac{5}{18}$

> $\frac{1}{6}$ と $\frac{5}{9}$ の通分は、分母6、9の最小公倍数18にそろえる
> $\frac{1}{6}=\frac{1\times 3}{6\times 3}=\frac{3}{18}$　　$\frac{5}{9}=\frac{5\times 2}{9\times 2}=\frac{10}{18}$　　$\frac{3}{18}+\frac{10}{18}=\frac{13}{18}$

よって、3回目の支払い額は $\frac{5}{18}$ となる。

5 割合

重要度 ★★★★☆

頻出問題

ある就職説明会に参加した学生のうち $\frac{2}{5}$ は女性で、その数は672人であった。

1 解答時間 **1**分**20**秒

参加した学生の35％が理系学部の学生であった。理系学部の学生の参加者は何人か。

- A 538人
- B 552人
- C 576人
- D 588人
- E 602人
- F 624人
- G 650人
- H A〜Gのいずれでもない

2 解答時間 **1**分

地方大学在籍の参加者が161人いた。地方大学在籍の参加者の数は全参加者の何％か。※必要なときは、最後に小数点以下第2位を四捨五入すること

- A 7.8％
- B 9.6％
- C 11.2％
- D 13.5％
- E 15.8％
- F 18.3％
- G 20.8％
- H A〜Gのいずれでもない

スピード解法のポイント

部分＝全体×割合
全体＝部分÷割合
割合＝部分÷全体

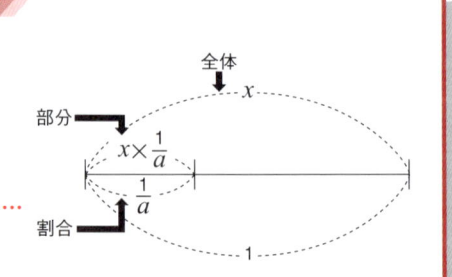

- 割合が％で表されている場合
  ％＝部分÷全体×100

頻出問題の解答・解説

1 正解 D　速解の手引き　全参加者×35％＝答え

1st step 就職説明会に参加した学生全体の人数を求める。

全体＝部分÷割合の公式から、

$$672 \div \frac{2}{5} = \overset{336}{\cancel{672}} \times \frac{5}{\cancel{2}} = 1680 \text{ (人)}$$

→ 全体＝参加した学生全部

別解 全体の人数を x 人とおき、← x を用いた方程式を作る

部分＝全体×割合の公式から、$x \times \dfrac{2}{5} = 672$

$$x = 672 \div \frac{2}{5} = \overset{336}{\cancel{672}} \times \frac{5}{\cancel{2}} = 1680 \text{ (人)}$$

2nd step 就職説明会に参加した理系学部の学生の人数を求める。

部分＝全体×割合の公式から、

$$1680 \times \frac{35}{100} = 588 \text{ (人)}$$

← 理系学部の学生の割合35％

よって、理系学部の学生の参加者は588人。

2 正解 B　速解の手引き　161人÷全参加者数×100＝答え

割合（％）＝部分÷全体×100 の公式を使って求める。

$161 \div 1680 \times 100 = 9.58\cdots$

← 部分（地方大学在籍の参加者）

よって、地方大学在籍の参加者の割合は9.6％となる。

別解 地方大学在籍の参加者の割合を $\dfrac{x}{100}$ とおく。

部分＝全体×割合の公式から、$1680 \times \dfrac{x}{100} = 161$

$$x = 161 \div \frac{1680}{100} = 161 \times \frac{100}{1680} = 9.58\cdots$$

基本 練習問題

あるホテルでは、全室数の16％がシングルルームで、その数は68室である。

1 解答時間 1分20秒

このホテルでは、ツインルームが全室数の $\frac{4}{5}$ を占めている。ツインルームは全部で何室か。

- A　235室
- B　250室
- C　288室
- D　305室
- E　324室
- F　340室
- G　366室
- H　A〜Gのいずれでもない

2 解答時間 1分

このホテルには、360室の禁煙ルームがある。禁煙ルームは全体の何％か。※必要なときは、最後に小数点以下第1位を四捨五入すること

- A　35％
- B　41％
- C　56％
- D　62％
- E　77％
- F　85％
- G　91％
- H　A〜Gのいずれでもない

ヒント

部分、全体、割合の関係式をしっかり覚えよう

練習問題の解答・解説

1 正解 **F**　[速解の手引き] 全室数×$\frac{4}{5}$＝答え

1st step 全体＝部分÷割合の公式から、ホテルの全室数を求める。

$$68÷\frac{16}{100}=\overset{17}{\cancel{68}}×\frac{\overset{25}{\cancel{100}}}{\cancel{16}}=425（室）$$

シングルルームの数（部分）　シングルルームの割合

別解 全室数をx室とおく。

部分＝全体×割合の公式から、$x×\frac{16}{100}=68$

$$x=68÷\frac{16}{100}=68×\frac{100}{16}=425（室）$$

2nd step ツインルームの室数を求める。

部分＝全体×割合の公式から、$\overset{85}{\cancel{425}}×\frac{4}{\cancel{5}}=340$（室）

よって、ツインルームは340室となる。

---

2 正解 **F**　[速解の手引き] 360室÷全室数×100＝答え

割合（％）＝部分÷全体×100の公式を使って求める。
360÷425×100＝84.7…

禁煙ルームの数（部分）　ホテルの全室数

よって、禁煙ルームの割合は全体の85％となる。

別解 禁煙ルームの割合を$\frac{x}{100}$とおく。　（xを用いた方程式）

部分＝全体×割合の公式から、$425×\frac{x}{100}=360$

$$x=360÷\frac{425}{100}=360×\frac{100}{425}=84.7…$$

2章　非言語能力問題　▼　5 割合

応用 練習問題

ある商社では、製品P、QをK、L、M、N国に輸出している。ある年の各製品の輸出額に占める国別の割合は、PではK国が45％、L国が25％、M国が30％であり、QではK国が25％、M国が55％、N国が20％である。また、この年の輸出額全体のうち、Pの輸出額は60％、Qの輸出額は40％を占めていた。

1 解答時間 1分

この商社の、この年のL国への輸出額は、輸出額全体の何％か。

- A　9％
- B　15％
- C　18％
- D　21％
- E　27％
- F　32％
- G　35％
- H　A〜Gのいずれでもない

2 解答時間 1分

この商社の、この年のM国への輸出額は、輸出額全体の何％か。

- A　18％
- B　27％
- C　35％
- D　40％
- E　55％
- F　72％
- G　85％
- H　A〜Gのいずれでもない

ヒント

表に整理して考えてみよう

応用 練習問題の解答・解説

1 正解 B

速解の手引き Pの全体に占める割合×PのL国に占める割合＝答え

製品P、Qと、輸出国K、L、M、Nの割合の関係を一覧表にしてみる。

製品＼相手国 （輸出額割合）	K	L	M	N	合計
P（60%）	45%	25%	30%	×	100%
Q（40%）	25%	×	55%	20%	100%
合計（100%）					

L国へは製品Pしか輸出されていない。
製品Pは輸出額全体の60％を占めており、
L国への輸出額はそのうちの25％なので、
0.6×0.25＝0.15 ←「全体×割合＝部分」の応用
よって、L国への輸出額は、輸出額全体の15％となる。

2 正解 D

速解の手引き Pの輸出額の割合＋Qの輸出額の割合＝答え

M国へは、製品PとQの両方が輸出されているので、
輸出額全体に対するPとQそれぞれのM国への輸出額割合を足す。
製品Pの輸出額は全体の60％、Qの輸出額は全体の40％なので、
製品PのM国への輸出額割合は　0.6×0.3＝0.18
製品QのM国への輸出額割合は　0.4×0.55＝0.22
したがって、輸出額全体に対するM国への輸出額の割合は、
0.18＋0.22＝0.40

■間違いやすいポイント■
それぞれの製品の中での割合をそのまま足して、
30％＋55％＝85％としないこと
それぞれの全体に占める割合を求めて足す

よって、M国への輸出額は、輸出額全体の40％となる。

6 速さ・距離・時間

重要度 ★★★★★

頻出問題

右の表は、P町を出発してQ町に停車しR町に至るバスの時刻表である。

P町	発	7:00
Q町	着	7:40
	発	7:50
R町	着	〔 〕

1 解答時間 **1**分

PQ町間の距離は20kmである。PQ町間のバスの平均時速はどれだけか。

- A 20km/時
- B 22km/時
- C 24km/時
- D 26km/時
- E 28km/時
- F 30km/時
- G 35km/時
- H A〜Gのいずれでもない

2 解答時間 **1**分

QR町間の距離が15.5kmでバスの平均時速が30km/時であるとき、このバスがR町に到着するのは何時か。

- A 8時5分
- B 8時12分
- C 8時18分
- D 8時21分
- E 8時25分
- F 8時31分
- G 8時35分
- H A〜Gのいずれでもない

スピード解法のポイント

「きはじ」の公式で解く

- ●距離（き）＝速さ×時間
- ●速さ（は）＝距離÷時間
- ●時間（じ）＝距離÷速さ

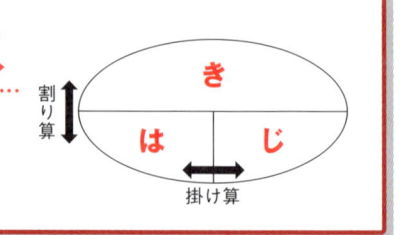

割り算 ↕
掛け算 ↔

き / は じ

頻出問題の解答・解説

1 正解 **F**　**速解の手引き**（PQ町間の）距離÷所要時間＝答え

PQ町間の距離は20km、PQ町間の所要時間は表より40分。
ただし、求める速さは「時速」なので時間に直すと、

40分＝$\frac{40}{60}$時間

時間の単位のそろえ方
x時間＝（x×60）分＝（x×3600）秒
x分＝（$x \times \frac{1}{60}$）時間
x秒＝（$x \times \frac{1}{60}$）分＝（$x \times \frac{1}{3600}$）時間

速さ＝距離÷時間の公式から、

$20 \div \frac{40}{60} = 20 \times \frac{60}{40} = 30$（km/時）

よって、PQ町間のバスの平均時速は30km/時。

2 正解 **D**　**速解の手引き**（QR町間の）距離÷平均時速＝答え

QR町間の距離は15.5km、QR町間の平均時速は30km/時。
時間＝距離÷速さの公式から、

$15.5 \div 30 = \frac{155}{10} \times \frac{1}{30} = \frac{31}{2} \times \frac{1}{30} = \frac{31}{60}$（時間）⇒31分

kmで単位がそろっているのでそのまま

分母を60にすると、分子の数字をそのまま「分」で表せるので、計算の手間が省ける

よって、7時50分の31分後なので、
R町に到着するのは8時21分となる。

基本 練習問題

大通りに沿って、バス停、郵便局、デパート、銀行、市役所の順に建物が並んでいる。それぞれの建物の間を時速3km/時で歩いたときの所要時間が、下表のように一部だけわかっている。

バス停				
4	郵便局			
6		デパート		
			銀行	
	21		6	市役所

〔単位：分〕

1 解答時間 1 分

バス停とデパートの間の距離は何mか。

- A 80m
- B 120m
- C 150m
- D 200m
- E 240m
- F 300m
- G 360m
- H A〜Gのいずれでもない

2 解答時間 1 分

デパートと市役所の間の所要時間は何分か。

- A 11分
- B 13分
- C 15分
- D 17分
- E 19分
- F 21分
- G 23分
- H A〜Gのいずれでもない

基本 練習問題の解答・解説

[1] **正解 F**　**速解の手引き** 速さ×（バス停とデパートの間の）所要時間＝答え

表より、バス停とデパートの間の所要時間が6分だとわかる。

バス停とデパートの間の所要時間は　　$6分＝\frac{6}{60}$時間

バス停とデパートの間の速さは　　3km/時

距離＝速さ×時間の公式から、$3×\dfrac{\overset{1}{\cancel{6}}}{\underset{10}{\cancel{60}}}=\dfrac{3}{10}$（km）

よって、バス停とデパートの間の距離は$\dfrac{3}{10}$km＝300m

> 単位をそろえることに注意しよう！

距離の単位のそろえ方

$x\text{km}=(x×1000)\text{m}$　　$x\text{m}=\left(x×\dfrac{1}{1000}\right)\text{km}$

---

[2] **正解 E**　**速解の手引き** 郵便局と市役所間の所要時間－郵便局とデパート間の所要時間＝答え

表より、所要時間のわかっているものを並べて、所要時間を書き出してみる。

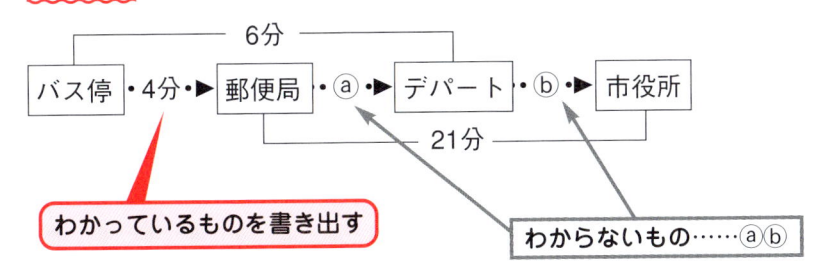

```
        ┌─────── 6分 ───────┐
 ┌───┐      ┌────┐      ┌────┐      ┌────┐
 │バス停│・4分・▶│郵便局│・ⓐ・▶│デパート│・ⓑ・▶│市役所│
 └───┘      └────┘      └────┘      └────┘
              └──────── 21分 ────────┘
```

> わかっているものを書き出す
> わからないもの……ⓐⓑ

郵便局とデパートの間の所要時間＝ⓐ＝6－4＝2（分）
デパートと市役所の間の所要時間＝ⓑ＝21－2＝19（分）
よって、デパートと市役所の間の所要時間は19分。

応用 練習問題

(基本練習問題の続き)
大通りに沿って、バス停、郵便局、デパート、銀行、市役所の順に建物が並んでいる。それぞれの建物の間を時速3km/時で歩いたときの所要時間が、下表のように一部だけわかっている。

バス停				
4	郵便局			
6		デパート		
			銀行	
	21		6	市役所

〔単位：分〕

1 解答時間 1分

バス停から市役所まで自転車で移動した場合、どれだけ時間がかかるか。ただし、自転車の速さは15km/時である。

A　3分　　B　3分30秒　　C　4分
D　4分30秒　　E　5分　　F　5分30秒
G　6分　　H　A〜Gのいずれでもない

2 解答時間 1分

銀行から郵便局まで自転車で行き、そこからバス停まで歩いた場合、どれだけ時間がかかるか。ただし、自転車の速さは15km/時である。

A　5分　　B　6分30秒　　C　7分
D　8分30秒　　E　10分　　F　11分
G　12分30秒　　H　A〜Gのいずれでもない

応用 練習問題の解答・解説

1 正解 E

速解の手引き （バス停から市役所間の）距離÷15km/時＝答え

1st step バス停から市役所間の距離を求める。

バス停から市役所間の徒歩での所要時間は、

$4 + 21 = 25$（分）$= \dfrac{25}{60}$（時間）

> 速さは、3km/時

距離＝速さ×時間より、距離は $3 \times \dfrac{25}{60} = \dfrac{5}{4}$（km）

> 分母を60にすると、分子の数字を「分」で表せるので、計算の手間が省ける

2nd step 自転車での所要時間を求める。

時間＝距離÷速さより、

$\dfrac{5}{4} \div 15 = \dfrac{5}{4} \times \dfrac{1}{15} = \dfrac{5}{60}$（時間）＝5（分）

バス停から市役所間の自転車での所要時間は5分となる。

別解 自転車の速さ15km/時は、徒歩の速さ3km/時の5倍なので、

所要時間は $\dfrac{1}{5}$ 倍になり、25（分）$\times \dfrac{1}{5} = 5$（分）

> このほうが簡単に解けるのでマスターしよう

2 正解 C

速解の手引き （銀行から郵便局間の）距離÷15km/時＋4分＝答え

1st step 銀行から郵便局間の距離を求める。

銀行から郵便局間の徒歩での所要時間は、$21 - 6 = 15$（分）

したがって、距離＝速さ×時間より、距離は $3 \times \dfrac{15}{60} = \dfrac{3}{4}$（km）

2nd step 銀行から郵便局間の自転車での所要時間を求める。

時間＝距離÷速さより、

$\dfrac{3}{4} \div 15 = \dfrac{3}{4} \times \dfrac{1}{15} = \dfrac{3}{60}$（時間）$\Rightarrow 3$（分）

> 分母が60になるので約分しない

徒歩でバス停までは4分なので、$3 + 4 = 7$（分）となる。

7 集合① (表問題)

重要度 ★★★★★

頻出問題

200人に対してスポーツ観戦に関するアンケートを行った。下表は調査項目と集計結果の一部である。

調査項目	回答状況
野球観戦をしたことがありますか	はい　140人 いいえ　60人
サッカー観戦をしたことがありますか	はい　120人 いいえ　80人

1 解答時間 1分

野球観戦、サッカー観戦ともしたことがあると回答した人が85人いた。野球観戦、サッカー観戦ともしたことがないと回答した人は何人か。

- **A** 15人
- **B** 25人
- **C** 30人
- **D** 35人
- **E** 40人
- **F** 45人
- **G** 55人
- **H** A〜Gのいずれでもない

スピード解法のポイント

カルノー表で解く

① 全体 x の中にA、Bの2つの集合がある場合、縦をA、横をBとし、〇と×に分ける。

② 外側に、〇×の合計を入れ、中の4枠は
　＜Aのみ〇＞＝ a
　＜Bのみ〇＞＝ b
　＜AとB両方〇＞＝ c
　＜AとB両方×＞＝ d　を表す。

		B		
		〇	×	合計
A	〇	c	a	$a+c$
	×	b	d	$b+d$
	合計	$b+c$	$a+d$	x

● $a+b+c+d=x$ なので、縦の合計も横の合計も x

頻出問題の解答・解説

1 正解 B

速解の手引き カルノー表を作成し、順に埋める

1st step カルノー表を作成し、わかっているデータを書き込む。

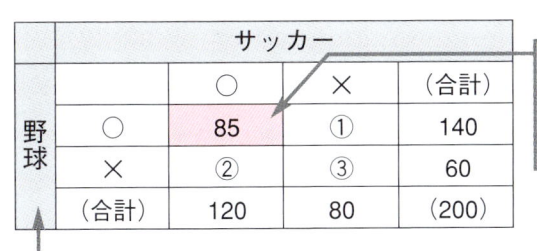

		サッカー		
		○	×	（合計）
野球	○	85	①	140
	×	②	③	60
	（合計）	120	80	（200）

→ 野球もサッカーも「はい」の人は85人

↑ 縦に「野球（観戦）」 1列目に○（はい）×（いいえ）

2nd step 表中で、問われている欄を確認して、空欄を埋めていく。

問われているのは③なので、
①→③、または②→③の順に求められる。
②＝120－85＝35　③＝60－35＝25

② → ③の手順で求めるなら、①は求めなくてOK

		サッカー		
		○	×	（合計）
野球	○	85	①	140
	×	②35	③25	60
	（合計）	120	80	（200）

問われているのは、野球もサッカーも「いいえ」の人数

↑ サッカー「はい」120人の中で、野球も「はい」は85人なので、サッカー「はい」、野球「いいえ」は、120－85＝35

↑ 野球「いいえ」60人の中で、サッカー「はい」は35人とわかったので、どちらも「いいえ」は、60－35＝25

よって、野球観戦、サッカー観戦ともしたことがないと回答した人は25人となる。

基本 練習問題

音楽鑑賞について男性55人、女性45人の合計100人に対してアンケートを行った。下表は、その集計結果の一部である。

		好き	きらい
クラシック音楽	男性	12人	43人
	女性	17人	28人
ポピュラー音楽	男性	41人	14人
	女性	26人	19人

1 解答時間 1分

クラシック音楽とポピュラー音楽の両方についてきらいと答えた男性は5人いた。クラシック音楽とポピュラー音楽の両方とも好きと答えた男性は何人か。

- **A** 3人
- **B** 4人
- **C** 5人
- **D** 6人
- **E** 7人
- **F** 8人
- **G** 9人
- **H** A〜Gのいずれでもない

2 解答時間 1分

クラシック音楽だけが好きと答えた人は全体で14人いた。ポピュラー音楽だけが好きと答えた人は全体で何人か。

- **A** 5人
- **B** 11人
- **C** 23人
- **D** 34人
- **E** 47人
- **F** 52人
- **G** 61人
- **H** A〜Gのいずれでもない

練習問題の解答・解説

1 正解 A 速解の手引き カルノー表を作成し、順に埋める

男性のみのデータでカルノー表を作成すると、下の表になる。
「クラシック音楽とポピュラー音楽の両方とも好き」なのは①。

		ポピュラー		
		○	×	（合計）
クラシック	○	①	②	12
	×	③	5	43
	（合計）	41	14	(55)

①の数値を求めよう

表より、②＝14－5＝9　　①＝12－9＝3

		ポピュラー		
		○	×	（合計）
クラシック	○	3	9	12
	×	③	5	43
	（合計）	41	14	(55)

③の値から①を導くこともできる

よって、「クラシック音楽とポピュラー音楽の両方とも好き」と答えた男性は3人。

2 正解 F 速解の手引き カルノー表を作成し、順に埋める

男性・女性のデータを合計してカルノー表を作成すると、下の表になる。
「ポピュラー音楽だけが好き」と答えたのは②。

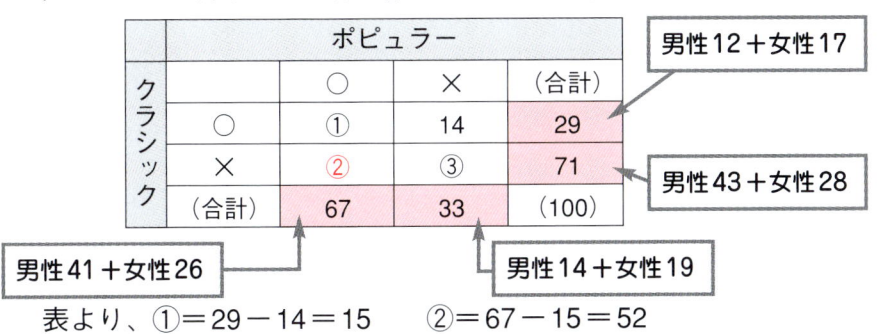

		ポピュラー		
		○	×	（合計）
クラシック	○	①	14	29
	×	②	③	71
	（合計）	67	33	(100)

男性12＋女性17
男性43＋女性28
男性41＋女性26
男性14＋女性19

表より、①＝29－14＝15　　②＝67－15＝52
よって、「ポピュラー音楽だけが好き」と答えた人は52人。

応用 練習問題

あるメーカーで、商品X、Y、Zについて、300人に対してアンケートを行った。下表は調査項目と集計結果の一部である。

商品	調査項目	満足	不満足
X	デザイン	195人	105人
X	価格	148人	152人
Y	デザイン	88人	212人
Y	価格	180人	120人
Z	デザイン	235人	65人
Z	価格	115人	185人

1 解答時間1分

商品Xについて、デザインは満足だが、価格は不満足と答えた人が106人いた。商品Xについて、デザインは不満足だが価格は満足と答えた人は何人か。

A 27人　　B 44人　　C 59人
D 65人　　E 81人　　F 102人
G 126人　　H A～Gのいずれでもない

2 解答時間1分

商品Yの価格が満足と答えた人の25％が、商品Zの価格も満足と答えている。商品Y、Zとも価格が不満足と答えた人は何人か。

A 18人　　B 24人　　C 37人
D 45人　　E 50人　　F 62人
G 75人　　H A～Gのいずれでもない

応用 練習問題の解答・解説

1 正解 C 速解の手引き カルノー表を作成し、順に埋める

商品Xのみのデザインと価格のデータでカルノー表を作成する。
商品Xの「デザインは不満足だが価格は満足」と答えたのは②。

Xのデザイン \ Xの価格	○	×	(合計)
○	①	106	195
×	②	③	105
(合計)	148	152	(300)

表より、①＝195－106＝89　　②＝148－89＝59
よって、59人。

2 正解 E 速解の手引き カルノー表を作成し、順に埋める

商品Y、Zの価格についてのデータでカルノー表を作成する。
「商品Y、Zとも価格が不満足」と答えたのは③。

Yの価格 \ Zの価格	○	×	(合計)
○	45	①	180
×	②	③	120
(合計)	115	185	(300)

> Yの価格が満足と答えた人の25％なので
> $180 \times \dfrac{25}{100} = 45$

表より、②＝115－45＝70　③＝120－70＝50
よって、50人。

解法ポイント

与えられた表が複雑でも、問われた数値を求めるために必要なデータは限られているので、その部分だけに焦点を当ててみよう！

商品	調査項目	満足	不満足
X	デザイン	195	105
	価格	148	152
Y	デザイン	88	212
	価格	180	120
Z	デザイン	235	65
	価格	115	185

> 問題2ならば、Y・Zの価格の部分だけに注目すること

8 集合② (文章問題)

重要度 ★★★★★

頻出問題

ある大学の学生100人に通学の交通手段について調査したところ、電車利用者が68人、バス利用者が44人、電車もバスも利用していない者が27人いることがわかった。

1 解答時間 **1** 分

電車とバスの両方を利用している学生は何人いるか。

- **A** 12人
- **B** 20人
- **C** 25人
- **D** 29人
- **E** 32人
- **F** 39人
- **G** 43人
- **H** A～Gのいずれでもない

スピード解法のポイント

ベン図で解く

①全体 x の中にA、Bの2つの集合がある場合、次の4つに分類する。

　＜Aのみ＞＝a
　＜Bのみ＞＝b
　＜AとB両方＞＝c
　＜AもBもない＞＝d
　$a+b+c+d=x$

②問題文中の条件を、a、b、c、d で表して式を作る。

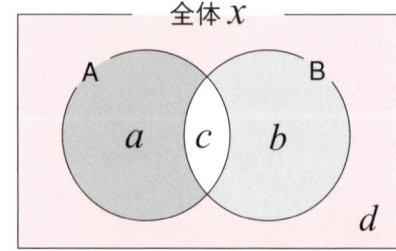

③問題で問われているゾーン（a、b、c、d）のいずれかを求める。

頻出問題の解答・解説

1 正解 F

速解の手引き 電車利用者＋バス利用者－少なくとも一方の利用者＝答え

1st step ベン図を作成する。

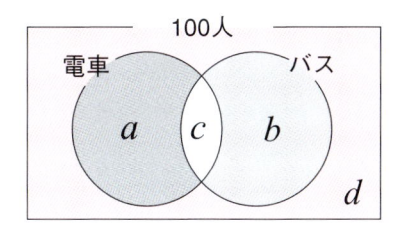

```
──── 100人 ────
電車        バス
  ( a  c  b )
             d
```

a：電車のみの利用者
b：バスのみの利用者
c：電車とバス両方の利用者
d：電車もバスも利用していない者

2nd step 問われている部分を確認して、その部分を求める。

「電車とバスの両方を利用している学生」はc。
電車もバスも利用していない学生が27人なので、少なくとも一方を利用している学生は、
100－27＝73…①　　← $a+b+c$
電車利用者（$a+c$）とバス利用者（$b+c$）の合計は、
68＋44＝112…②　　← $a+b+2c$
②には、「電車とバスの両方を利用している学生（c）」が重複しているので、②－①でcが求められる。
よって、「電車とバスの両方を利用している学生」は、
112－73＝39（人）。

別解 カルノー表で解く。

		バス ○	バス ×	（合計）
電車	○	①	②	68
電車	×	③	27	32
	（合計）	44		100

100－68＝32
ここは求めなくてもOK

問われているのは、
「電車とバスの両方を利用している学生」なので①
表より、③＝32－27＝5　　①＝44－5＝39（人）

基本 練習問題

ある飲料メーカーが150人を対象に、日常愛飲している飲み物について調査したところ、コーヒーが123人、紅茶が88人、日本茶が118人いた。

1 解答時間 **1**分

コーヒーと紅茶の両方を愛飲している人は、少なくとも何人いるか。

- **A** 27人
- **B** 38人
- **C** 45人
- **D** 56人
- **E** 61人
- **F** 69人
- **G** 77人
- **H** A～Gのいずれでもない

2 解答時間 **1**分

紅茶と日本茶の両方を愛飲している人が76人いた。紅茶か日本茶のどちらか一方を愛飲している人は何人いるか。

- **A** 12人
- **B** 28人
- **C** 42人
- **D** 54人
- **E** 60人
- **F** 72人
- **G** 79人
- **H** A～Gのいずれでもない

ヒント

カルノー表やベン図を用いなくても解ける

練習問題の解答・解説

1 正解 E

速解の手引き コーヒー愛飲者＋紅茶愛飲者－150＝答え

「両方ありの人が少なくとも何人いるか」という問題は、「両方あり」の人が最も少ない場合を考える。「両方あり」の人が最も少ない（両方の重なりが最も少ない）場合とは、「両方ない」の人が0人の場合である。これを線分図で表すと下のようになる。

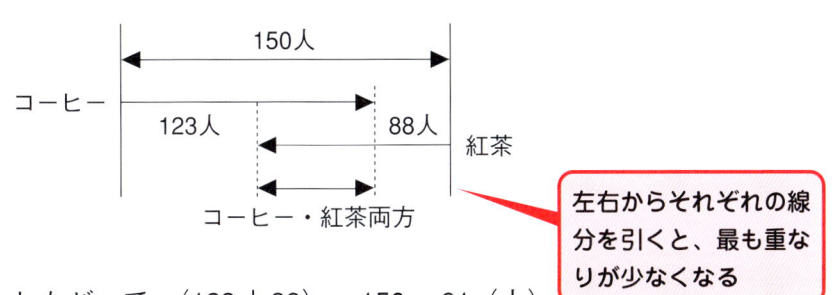

（図：コーヒー 150人、123人、88人、紅茶、コーヒー・紅茶両方）

> 左右からそれぞれの線分を引くと、最も重なりが少なくなる

したがって、(123＋88)－150＝61（人）。
よって、「コーヒーと紅茶の両方を愛飲している人」は、少なくとも61人いることになる。

2 正解 D

速解の手引き （紅茶愛飲者－76）＋（日本茶愛飲者－76）＝答え

紅茶と日本茶のデータからカルノー表を作成する。

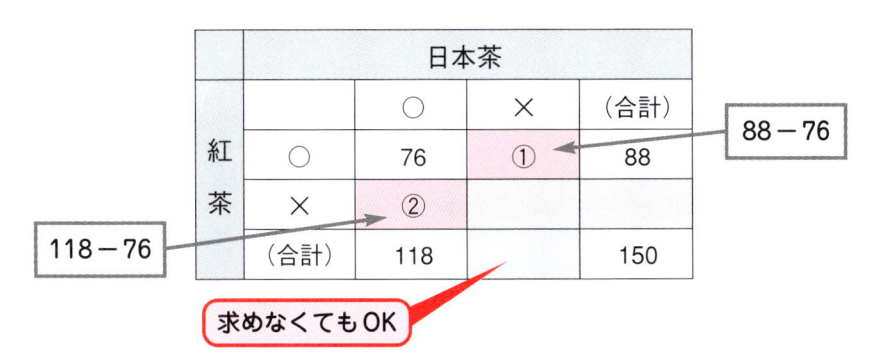

		日本茶		（合計）
紅茶	○	76	①	88
	×	②		
	（合計）	118		150

88－76 → ①
118－76 → ②

> 求めなくてもOK

求めるのは、「紅茶か日本茶のどちらか一方を愛飲している人」なので、「紅茶だけ」の①と「日本茶だけ」の②の合計。
したがって、①＝88－76＝12　②＝118－76＝42　①＋②＝12＋42＝54
よって、「紅茶か日本茶のどちらか一方を愛飲している人」は54人。

応用 練習問題

ある合同企業説明会の参加者350人を対象に調査を実施したところ、P社のブースには240人、Q社のブースには180人、R社のブースには120人が行っていることがわかった。

1 解答時間1分

Q社のブースに行った人のうち、$\frac{1}{5}$がR社のブースにも行ったことがわかった。R社のブースにもQ社のブースにも行かなかった人は何人いたか。

- **A** 36人
- **B** 45人
- **C** 54人
- **D** 64人
- **E** 72人
- **F** 86人
- **G** 94人
- **H** A〜Gのいずれでもない

2 解答時間1分

P社のブースには行ったがR社のブースには行かなかった人は、R社のブースには行ったがP社のブースには行かなかった人のちょうど3倍だった。R社のブースには行ったがP社のブースには行かなかった人は何人いたか。

- **A** 55人
- **B** 60人
- **C** 65人
- **D** 70人
- **E** 72人
- **F** 75人
- **G** 80人
- **H** A〜Gのいずれでもない

応用 練習問題の解答・解説

1 正解 F　　速解の手引き カルノー表を作成し、順に埋める

Q社とR社についてカルノー表を作成する。「R社のブースにもQ社のブースにも行かなかった人」③を求める。「R社のブースにもQ社のブースにも行った人」は、$180 \times \dfrac{1}{5} = 36$

		R 社		
		○	×	(合計)
Q社	○	36	①	180
	×	②	③	170
(合計)		120		350

$350 - 180 = 170$

表より、② $= 120 - 36 = 84$　③ $= 170 - 84 = 86$
よって、「R社のブースにもQ社のブースにも行かなかった人」は86人。

2 正解 B　　速解の手引き カルノー表を作成し、順に埋める

P社とR社についてカルノー表を作成する。
「R社のブースにのみ行った人」を x とおくと、
「P社のブースにのみ行った人」は $3x$。
「P社のブースにもR社のブースにも行った人」は $120 - x$ となる。

		R 社		
		○	×	(合計)
P社	○	$120 - x$	$3x$	240
	×	x		
(合計)		120		350

x についての方程式を立てると、
$120 - x + 3x = 240$　これを解くと、$x = 60$
よって、「R社のブースには行ったがP社のブースには行かなかった人」は60人。

9 順列・組合せ

重要度 ★★☆☆☆

頻出問題（順列）

①②③④の4枚のカードがある。

1 解答時間 30秒

4枚のカードから2枚選び、選んだ順に並べると、何通りの2ケタの数字ができるか。

- A　8通り
- B　10通り
- C　12通り
- D　16通り
- E　18通り
- F　20通り
- G　24通り
- H　A～Gのいずれでもない

2 解答時間 30秒

4枚のカードをすべて使ってできる4ケタの数字は何通りあるか。

- A　12通り
- B　16通り
- C　18通り
- D　20通り
- E　24通り
- F　28通り
- G　32通り
- H　A～Gのいずれでもない

スピード解法のポイント

総数 n P 並べる数 r = nPr
$= n(n-1)(n-2)\cdots\cdots(n-r+1)$

● 5つの中から3つを選ぶ組合せは、
$_5P_3 = 5 \times 4 \times 3 = 60$（通り）　← 5から1ずつ小さい数を3つ掛ける

頻出問題（順列）の解答・解説

1 正解 C　速解の手引き　$_4P_2=$ 答え

4枚のカードから2枚選び、選んだ順に並べるので、
$_4P_2 = 4 \times 3 = 12$（通り）
よって、2ケタの数字は12通りできる。

> 総数4枚と、1小さい数を掛けるので、$4 \times (4-1)$

別解 樹形図を描いて求める。

> すべての組合せを具体的に見よう

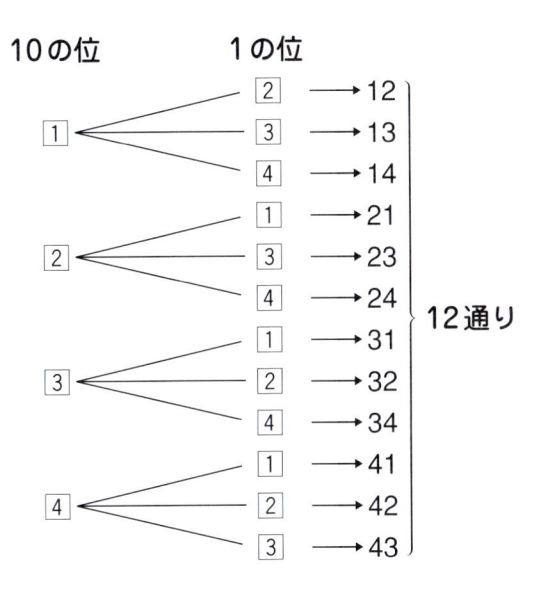

```
10の位    1の位
  1  ┬─ 2 ─→ 12
     ├─ 3 ─→ 13
     └─ 4 ─→ 14
  2  ┬─ 1 ─→ 21
     ├─ 3 ─→ 23
     └─ 4 ─→ 24
  3  ┬─ 1 ─→ 31
     ├─ 2 ─→ 32
     └─ 4 ─→ 34
  4  ┬─ 1 ─→ 41
     ├─ 2 ─→ 42
     └─ 3 ─→ 43
```
} 12通り

4（通り）×3（通り）＝12（通り）

2 正解 E　速解の手引き　$_4P_4=$ 答え

4枚のカードから4枚選び、選んだ順に並べるので、
$_4P_4 = 4 \times 3 \times 2 \times 1 = 24$（通り）
よって、4ケタの数字は24通りできる。

> $_nP_r$ の公式は徹底的に覚えてしまおう！

> $4 \times (4-1) \times (4-2) \times (4-3)$
> 4枚選ぶ＝3回掛ける

頻出問題（組合せ）

男性6人、女性4人のプロジェクトチームから、会議に出席する人を選ぶことになった。

1 解答時間 30秒

男性だけを2人選ぶと、何通りの組合せがあるか。

A 12通り　　B 15通り　　C 16通り
D 18通り　　E 20通り　　F 24通り
G 30通り　　H A〜Gのいずれでもない

2 解答時間 30秒

男性2人、女性2人の計4人選ぶと、何通りの組合せがあるか。

A 72通り　　B 90通り　　C 108通り
D 120通り　　E 240通り　　F 480通り
G 720通り　　H A〜Gのいずれでもない

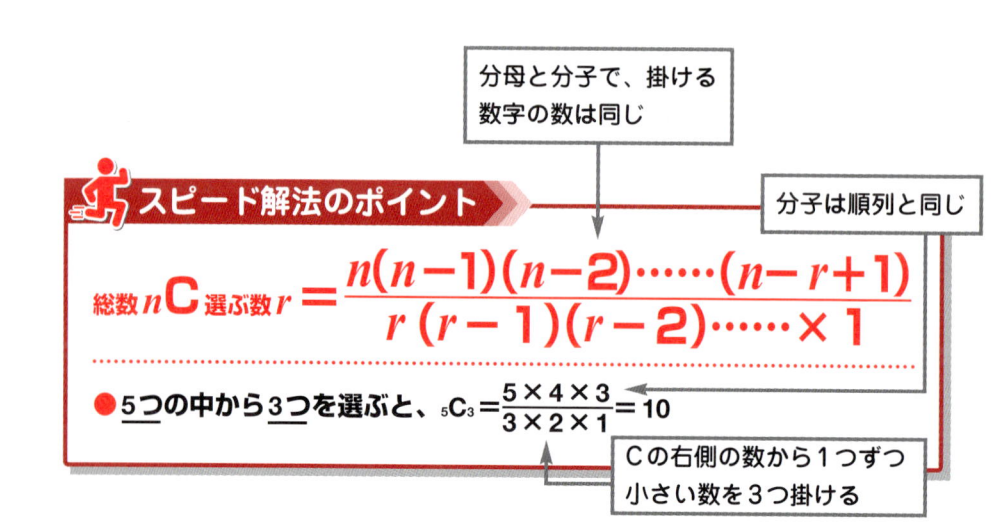

スピード解法のポイント

分母と分子で、掛ける数字の数は同じ

分子は順列と同じ

$$総数\ n\mathbf{C}_{選ぶ数\ r} = \frac{n(n-1)(n-2)\cdots(n-r+1)}{r(r-1)(r-2)\cdots \times 1}$$

● 5つの中から3つを選ぶと、$_5C_3 = \dfrac{5 \times 4 \times 3}{3 \times 2 \times 1} = 10$

Cの右側の数から1つずつ小さい数を3つ掛ける

頻出問題（組合せ）の解答・解説

1 正解 B　速解の手引き ${}_6C_2 =$ 答え

男性6人の中から2人を選ぶので、${}_6C_2 = \dfrac{\overset{3}{6} \times 5}{2 \times 1} = 15$（通り）

よって、男性だけを2人選ぶ方法は15通りできる。

別解 男性6人をA、B、C、D、E、Fとして、樹形図を描いて求める。

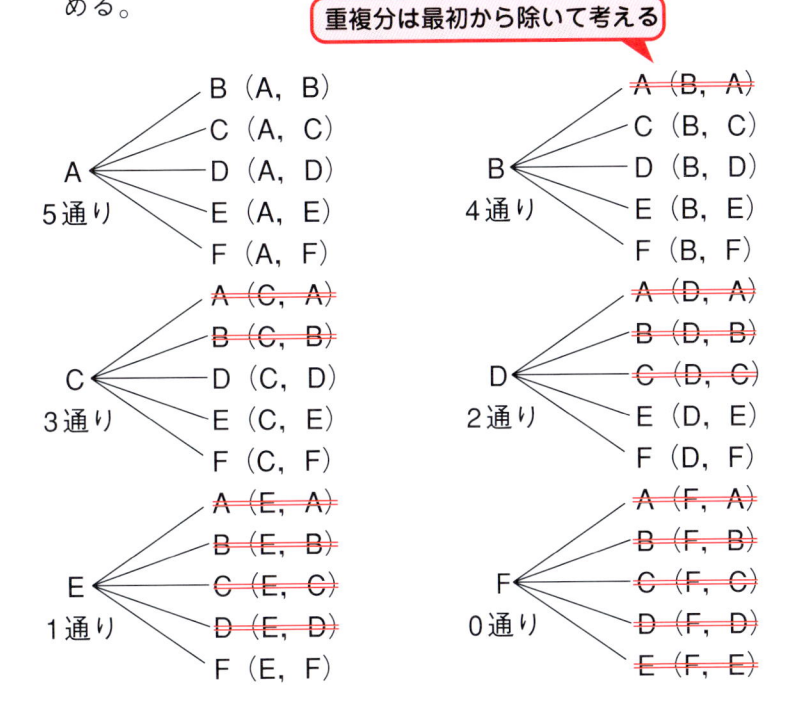

> 重複分は最初から除いて考える

```
        B (A, B)              A̶ ̶(̶B̶,̶ ̶A̶)̶
        C (A, C)              C (B, C)
A <     D (A, D)         B <  D (B, D)
5通り   E (A, E)        4通り E (B, E)
        F (A, F)              F (B, F)

        A̶ ̶(̶C̶,̶ ̶A̶)̶              A̶ ̶(̶D̶,̶ ̶A̶)̶
        B̶ ̶(̶C̶,̶ ̶B̶)̶              B̶ ̶(̶D̶,̶ ̶B̶)̶
C <     D (C, D)         D <  C̶ ̶(̶D̶,̶ ̶C̶)̶
3通り   E (C, E)        2通り E (D, E)
        F (C, F)              F (D, F)

        A̶ ̶(̶E̶,̶ ̶A̶)̶              A̶ ̶(̶F̶,̶ ̶A̶)̶
        B̶ ̶(̶E̶,̶ ̶B̶)̶              B̶ ̶(̶F̶,̶ ̶B̶)̶
E <     C̶ ̶(̶E̶,̶ ̶C̶)̶         F <  C̶ ̶(̶F̶,̶ ̶C̶)̶
1通り   D̶ ̶(̶E̶,̶ ̶D̶)̶        0通り D̶ ̶(̶F̶,̶ ̶D̶)̶
        F (E, F)              E̶ ̶(̶F̶,̶ ̶E̶)̶
```

5＋4＋3＋2＋1＝15（通り）となる

2 正解 B　速解の手引き ${}_6C_2 \times {}_4C_2 =$ 答え

男性6人から2人を選ぶ方法は 1 の通りで、15通り

女性4人から2人を選ぶ方法は、${}_4C_2 = \dfrac{\overset{2}{4} \times 3}{2 \times 1} = 6$（通り）

$$\dfrac{4 \times (4-1)}{2 \times (2-1)}$$

男性の選び方15通りについて、女性の選び方は6通りあるので、男性2人と女性2人の計4人選ぶ組合せは、15×6＝90（通り）

基本 練習問題（順列・組合せ）

陸上競技大会に出場する選手7人の中から、リレーの選手を4人選ぶことになった。

1 解答時間 30秒

リレー選手4人を選ぶ選び方は何通りあるか。

- A　14通り
- B　20通り
- C　25通り
- D　28通り
- E　30通り
- F　35通り
- G　42通り
- H　A～Gのいずれでもない

2 解答時間 30秒

第4走者の選手が決定している場合、第1走者から第3走者まで、走る順番も考えて選ぶとすると、その選び方は何通りあるか。

- A　20通り
- B　72通り
- C　120通り
- D　180通り
- E　210通り
- F　256通り
- G　350通り
- H　A～Gのいずれでもない

ヒント

順列か組合せかは、選ぶものに順番があるかどうかで判断！！

基本 練習問題（順列・組合せ）の解答・解説

1 正解 F　速解の手引き $_7C_4=$答え

出場選手7人の中から4人を選ぶので、

$$_7C_4 = \frac{7 \times 6 \times 5 \times 4}{4 \times 3 \times 2 \times 1} = 35 \text{（通り）}$$

> 順番は問われていないので、これは組合せの問題

よって、リレー選手4人を選ぶ選び方は35通りある。

解法ポイント

$_nC_r$ で r の値が大きいときは、以下の方法を利用すると速く解ける。
$_nC_r = {}_nC_{(n-r)}$ の関係があるので、

$$_7C_4 = {}_7C_{(7-4=)\,3} = \frac{7 \times 6 \times 5}{3 \times 2 \times 1} = 35 \text{（通り）}$$

2 正解 C　速解の手引き $_6P_3=$答え

「第4走者の選手が決定している」とは、残りの6人の中から3人を選ぶということ。
ただし、「走る順番も考えて選ぶ」ということなので、順列の公式を使う。

> 「順番も考える」ので、これは順列の問題

$$_6P_3 = 6 \times 5 \times 4 = 120 \text{（通り）}$$

> 総数6人のうちの3人の組合せ

よって、第4走者の選手が決定している場合、残りの走者の順番も考えて選ぶと120通りある。

10 確 率

重要度 ★★☆☆☆

頻出問題

赤玉4個と白玉2個を入れた袋がある。この袋の中から2個の玉を同時に取り出す。

1 解答時間 **1**分

このとき、2個とも赤玉が出る確率はいくらか。

A $\dfrac{1}{5}$　B $\dfrac{2}{5}$　C $\dfrac{3}{5}$　D $\dfrac{5}{8}$　E $\dfrac{2}{15}$

F $\dfrac{8}{15}$　G $\dfrac{8}{45}$　H A〜Gのいずれでもない

2 解答時間 **1**分

このとき、赤玉1個、白玉1個が出る確率はいくらか。

A $\dfrac{1}{5}$　B $\dfrac{2}{5}$　C $\dfrac{3}{5}$　D $\dfrac{5}{8}$　E $\dfrac{2}{15}$

F $\dfrac{8}{15}$　G $\dfrac{8}{45}$　H A〜Gのいずれでもない

スピード解法のポイント

起こる確率の方式で解く

● 起こる場合の数が全部で n 通り、事柄Aの起こる場合の数が a 通りのとき、事柄Aの起こる確率を p とすると、$p = \dfrac{a}{n}$

頻出問題の解答・解説

1　正解 B　速解の手引き　$\dfrac{{}_4C_2}{{}_6C_2}=$ 答え

赤玉4個と白玉2個の合計6個の中から2個を取り出すので、

起こりうるすべての数

$$n={}_6C_2=\dfrac{\overset{3}{\cancel{6}}\times 5}{\cancel{2}\times 1}=15\text{（通り）}$$

組合せの公式を利用する

「2個とも赤玉が出る」とは、赤玉4個の中から2個を取り出すので、

$$a={}_4C_2=\dfrac{\overset{2}{\cancel{4}}\times 3}{\cancel{2}\times 1}=6\text{（通り）}$$

ある事柄が起きる数

よって、$p=\dfrac{a}{n}=\dfrac{6}{15}=\dfrac{2}{5}$

2個とも赤玉が出る確率は $\dfrac{2}{5}$ となる。

別解　2個取り出すことを、1個ずつにわけて考える。

1個目に赤玉を取り出す場合、$n=6$、$a=4$なので、

$$p=\dfrac{4}{6}=\dfrac{2}{3}\cdots ①$$

2個目に赤玉を取り出す場合、全体の数も赤玉の数も1個減っているので、$n=5$、$a=3$となり、$p=\dfrac{3}{5}\cdots ②$

①と②は同時に起こることなので掛けると、$\dfrac{2}{\cancel{3}}\times\dfrac{\cancel{3}}{5}=\dfrac{2}{5}$

2　正解 F　速解の手引き　$\dfrac{{}_4C_1\times {}_2C_1}{{}_6C_2}=$ 答え

n は、1 と同じく15通り。

a は、赤玉4個中1個、白玉2個中1個を取り出すので、

${}_4C_1\times {}_2C_1=4\times 2=8$（通り）　よって、$p=\dfrac{8}{15}$

2つのことが同時に起きる確率は、それぞれの確率を掛け合わせて求める

赤玉1個、白玉1個が出る確率は $\dfrac{8}{15}$ となる。

基本 練習問題

硬貨を3枚投げ上げ、出た面が表か裏かを確かめるとき、次の各問に答えなさい。

1 解答時間1分

1枚が表で2枚が裏になる確率はいくらか。

- A $\frac{1}{3}$
- B $\frac{1}{6}$
- C $\frac{3}{8}$
- D $\frac{5}{8}$
- E $\frac{5}{9}$
- F $\frac{3}{10}$
- G $\frac{5}{12}$
- H A〜Gのいずれでもない

2 解答時間1分

少なくとも1枚は表が出る確率はいくらか。

- A $\frac{2}{3}$
- B $\frac{3}{4}$
- C $\frac{5}{6}$
- D $\frac{5}{8}$
- E $\frac{7}{8}$
- F $\frac{8}{9}$
- G $\frac{7}{12}$
- H A〜Gのいずれでもない

ヒント

硬貨3枚を投げたときに出る面は
全部で何通りあるか考えよう

練習問題の解答・解説

1 正解 **C**　速解の手引き　$\dfrac{1枚が表で2枚が裏になる場合の数}{2×2×2}$＝答え

1枚の硬貨で出る面は、表か裏の2通り。
硬貨を3枚投げ上げるので、n は、$n=2×2×2=8$（通り）
樹形図にすると、

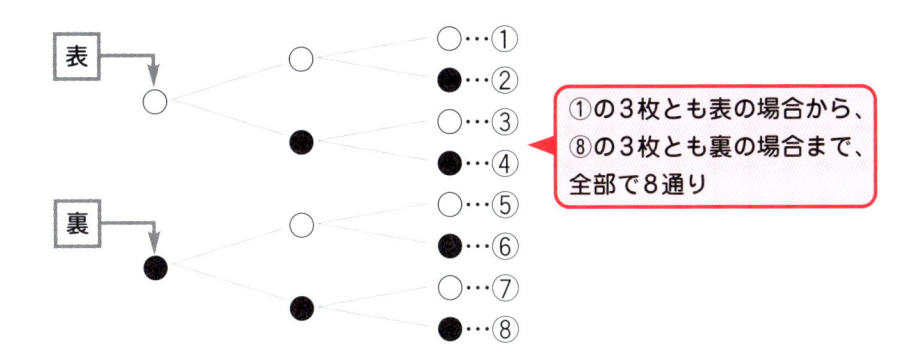

①の3枚とも表の場合から、⑧の3枚とも裏の場合まで、全部で8通り

「1枚が表で2枚が裏になる」のは、1枚目が表（残りは裏）になる④か、2枚目が表（残りは裏）になる⑥か、3枚目が表（残りは裏）になる⑦かの3通りで、$a=3$（通り）

よって、1枚が表で2枚が裏になる確率は $p=\dfrac{3}{8}$

2 正解 **E**　速解の手引き　1－（1枚も表が出ない確率）＝答え

「少なくとも1つは~」という場合は、逆を考えたほうが簡単に解ける。「少なくとも1枚は表が出る」の逆は、「1枚も表が出ない（全部裏が出る）」ということ。1枚も表が出ない場合の数は1通りなので、

「1枚も表が出ない」確率は $\dfrac{1}{8}$

よって、「少なくとも1枚は表が出る」確率は、$1-\dfrac{1}{8}=\dfrac{7}{8}$

ある事柄が起こる確率 p は、
$0≦p≦1$
Aが必ず起こる確率は $p=1$、
Aが決して起こらない確率は $p=0$ なので、
Aが起こらない確率＝$1-p$

> **応用　練習問題**

トランプのカード52枚の中から、2枚を同時に引くとき、次の確率を求めなさい。

1 解答時間 **1分**

2枚ともスペードである確率。

- **A** $\dfrac{1}{13}$
- **B** $\dfrac{1}{17}$
- **C** $\dfrac{1}{34}$
- **D** $\dfrac{2}{51}$
- **E** $\dfrac{38}{663}$
- **F** $\dfrac{77}{1326}$
- **G** $\dfrac{79}{1326}$
- **H** A〜Gのいずれでもない

2 解答時間 **1分**

少なくとも1枚は絵札である確率。

- **A** $\dfrac{3}{4}$
- **B** $\dfrac{5}{6}$
- **C** $\dfrac{7}{17}$
- **D** $\dfrac{10}{17}$
- **E** $\dfrac{15}{34}$
- **F** $\dfrac{19}{34}$
- **G** $\dfrac{29}{51}$
- **H** A〜Gのいずれでもない

応用 練習問題の解答・解説

1 正解 B

速解の手引き $\frac{_{13}C_2}{_{52}C_2} =$ 答え

n は、52枚から2枚を取り出すので、

$$n = {}_{52}C_2 = \frac{52 \times 51}{2 \times 1} = 26 \times 51$$

> ここではこれ以上計算しない

a は、スペード13枚から2枚を取り出すので、

$$a = {}_{13}C_2 = \frac{13 \times 12}{2 \times 1} = 13 \times 6$$

> 組合せの公式

よって、2枚ともスペードである確率は、$p = \frac{13 \times 6}{26 \times 51} = \frac{1}{17}$ となる。

別解 2枚取り出すことを、1枚ずつにわけて考える。

1枚目にスペードを取り出す場合、$n = 52$、$a = 13$ より

$$p = \frac{13}{52} = \frac{1}{4} \cdots ①$$

2枚目にスペードを取り出す場合、$n = 51$、$a = 12$ より

$$p = \frac{12}{51} = \frac{4}{17} \cdots ②$$

①と②は同時に起こることなので掛けると、$\frac{1}{4} \times \frac{4}{17} = \frac{1}{17}$

2 正解 C

速解の手引き $1 - \frac{_{40}C_2}{_{52}C_2} =$ 答え

n は、1 と同じく 26×51

a は、「少なくとも1枚は絵札」の逆を考えて、

「1枚も絵札がない(全部数札)」とすると、${}_{40}C_2 = \frac{40 \times 39}{2 \times 1} = 20 \times 39$

「1枚も絵札がない」確率は、$\frac{20 \times 39}{26 \times 51}$

> 1-「1枚も絵札がない確率」と考えることができる

よって、「少なくとも1枚は絵札」となる確率は、

$$1 - \frac{20 \times 39}{26 \times 51} = 1 - \frac{10}{17} = \frac{7}{17}$$ となる。

11 物の流れ

重要度 ★★☆☆☆

頻出問題

1 解答時間 **1**分

X社の扱う商品の量Xのうち比率にしてpと、W社の商品の量Wのうち比率にしてqがY社に納品され、その数の合計をYと表す。さらに、そのうちの比率rにあたるZがZ社に納品されるとして、下記のような図を作った。Zを表すのはどれか。A～Hの中から1つ選びなさい。

ア　$Z = rY$
イ　$Z = prX + qrW$
ウ　$Z = pqW + rY$

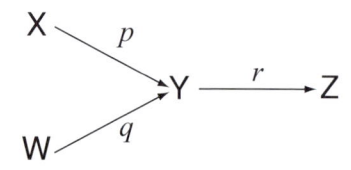

```
X ＼ p
    ＞ Y ─ r ─→ Z
W ／ q
```

- A　ア
- B　イ
- C　ウ
- D　アとイ
- E　アとウ
- F　イとウ
- G　アとイとウ
- H　A～Gのいずれでもない

スピード解法のポイント

矢印の本数と向きに注目

❶矢印が1本の場合

X社が扱う商品のうち、比率にしてmをY社に納品するとき、その流れを図❶で表す。このとき、X社とY社が扱う商品の量をX、Yとすると、$Y = mX$が成り立つ。

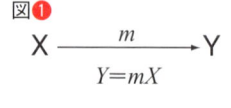

図❶
$$X \xrightarrow{m} Y$$
$$Y = mX$$

❷矢印2本が1ヶ所に集まる場合

X社が扱う商品のうち比率mを、W社が比率nを、それぞれY社に納品するとき、その流れを図❷で表す。このとき、Y社が扱う商品の量をYとすると、$Y = mX + nW$が成り立つ。

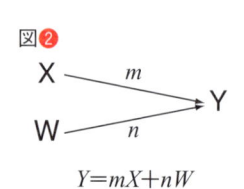

図❷
```
X ＼ m
    ＞ Y
W ／ n
```
$$Y = mX + nW$$

❸矢印2本が1列につながる場合

X社の扱う商品のうち比率mがY社に納品され、さらにそのうちの比率kがZ社に納品される際の商品の流れを図❸で表す。このとき、Z社が扱う商品の量をZとすると、$Z=kY=k(mX)=kmX$が成り立つ。

図❸

$$X \xrightarrow{m} Y \xrightarrow{k} Z$$

$Z=kY=k(mX)=kmX$

頻出問題の解答・解説

1 正解 D

速解の手引き 流れをさかのぼって考える

1st step 最終地点ZからYにさかのぼって流れの式を作り、選択肢と照合する。

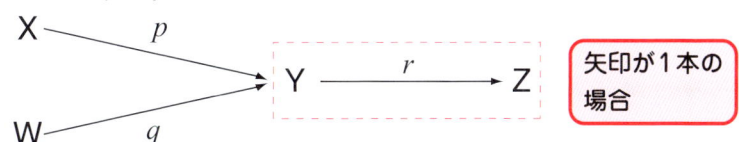

$$X \xrightarrow{p} Y \xrightarrow{r} Z$$
$$W \xrightarrow{q} Y$$

矢印が1本の場合

スピード解法のポイント❶より、$Z=rY$が成り立つので、アは**正しい**。

解法ポイント　　　　　ここが誤り

アの$Z=rY$が正しければ、ウの$Z=pqW+rY$は成り立たないので、ウは**誤り**であることがわかる。

2nd step 図のYからX、Wにさかのぼる。

スピード解法のポイント❷より、$Y=pX+qW$がいえる。

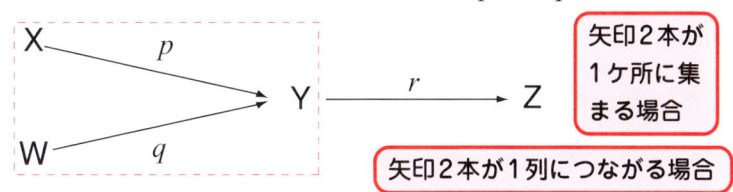

$$X \xrightarrow{p} Y \xrightarrow{r} Z$$
$$W \xrightarrow{q} Y$$

矢印2本が1ケ所に集まる場合

矢印2本が1列につながる場合

さらに、スピード解法のポイント❸の表し方を利用する。
$Y=pX+qW$を、$Z=rY$のYに代入すると、
$Z=r(pX+qW)=prX+qrW$となり、イも**正しい**。
よって、Zを表しているのはアとイ。

基本 練習問題

次の図は、あるデパートの売り場における人の流れを図示したものである。p、q、r、sは、W、X、Y、Zそれぞれの売り場から他の売り場へ行く人の比率を示しており、たとえば、売り場Wから売り場Xへ行く人の数は、$X=pW$と表すことができる。

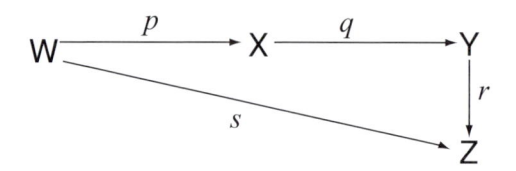

```
        p        q
  W ───────→ X ───────→ Y
    \                   │
     \                  │ r
      \  s              ↓
       \─────────────→ Z
```

1 解答時間 1分

Zを正しく表しているのはどれか。A〜Hの中から1つ選びなさい。

ア　$Z = pqrX + sW$　　イ　$Z = rY + sW$
ウ　$Z = (pqr + s)W$

- A　ア
- B　イ
- C　ウ
- D　アとイ
- E　アとウ
- F　イとウ
- G　アとイとウ
- H　A〜Gのいずれでもない

2 解答時間 1分

上の図で、$p=0.5$、$q=0.2$、$r=0.4$、$s=0.3$とした場合、売り場Wを訪れた人のうち、売り場Zに移動した人は何%か。

- A　7%
- B　12%
- C　25%
- D　34%
- E　43%
- F　57%
- G　70%
- H　A〜Gのいずれでもない

基本 練習問題の解答・解説

1 正解 F　速解の手引き スピード解法のポイント ❷⇒❸

まず、下図の赤部分を考えると、$Z = rY + sW$ …①
したがって、イは**正しい**。

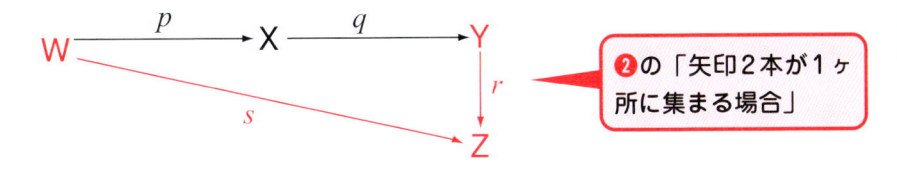

```
W ──p──> X ──q──> Y
 \                │
  \               r
   \s             │
    \             ▼
     ─────────── Z
```

❷の「矢印2本が1ヶ所に集まる場合」

次に、下図の赤部分を考えると、$Y = qX = q(pW) = pqW$ …②

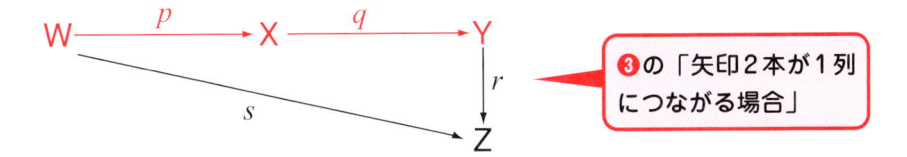

```
W ──p──> X ──q──> Y
 \                │
  \               r
   \s             │
    \             ▼
     ─────────── Z
```

❸の「矢印2本が1列につながる場合」

②を①に代入すると、
$Z = r(pqW) + sW = pqrW + sW = (pqr + s)W$ となり、ウは**正しい**。
また、上の $Y = qX$ を①に代入すると、
$Z = r(qX) + sW = qrX + sW$ となるので、アは**誤り**。
よって、Zを表しているのはイとウ。

2 正解 D　速解の手引き ZとWの関係だけを表している式を考える

1で正しいとわかった $Z = (pqr + s)W$ は、ZとWの関係だけを表しているので、
$Z = (pqr + s)W$ に、$p = 0.5$、$q = 0.2$、$r = 0.4$、$s = 0.3$ を代入する。
$Z = (0.5 \times 0.2 \times 0.4 + 0.3)W = (0.04 + 0.3)W = 0.34W$
よって、売り場Wを訪れた人のうち、売り場Zに移動した人は34％となる。

応用 練習問題

次の図は、業者V、Wから業者Zに至る商品の流れを表したものである。

1 解答時間 1分

Zを表す式はどれか。A〜Hの中から1つ選びなさい。

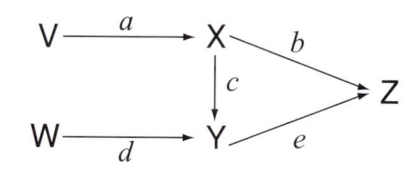

```
V ──a──→ X ──b──→ Z
         │c       ↗
         ↓      e
W ──d──→ Y ─────
```

ア　$Z = bX + eY$
イ　$Z = (b + ce) X$
ウ　$Z = (ab + ace) V + deW$

A ア　　　　　　**B** イ　　　　　　**C** ウ
D アとイ　　　　**E** アとウ　　　　**F** イとウ
G アとイとウ　　**H** A〜Gのいずれでもない

2 解答時間 1分

上の図で、$a=0.6$、$b=0.5$、$c=0.4$、$d=1$、$e=0.5$とする。VとWの扱う量が同じだったとき、Zに納入された商品のうち、Vから納入された商品の量は、Wから納入された商品の量に対してどれだけにあたるか。

A 0.14　　　　　**B** 0.21　　　　　**C** 0.44
D 0.64　　　　　**E** 0.72　　　　　**F** 0.84
G 0.90　　　　　**H** A〜Gのいずれでもない

応用 練習問題の解答・解説

1 正解 E 速解の手引き スピード解法のポイント ❷⇒❶⇒❷

まず下図の赤部分を見ると、
$Z = bX + eY$ …① よって、アは**正しい**。

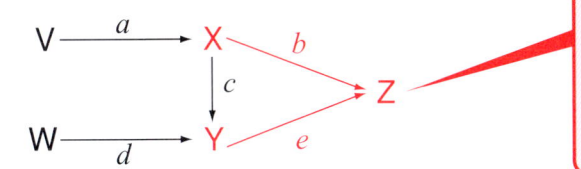

> ZにはXとYから矢印が入るため、Xだけでは表せない。したがって、ZとXの関数だけを表したイは誤り

次に、左下図の赤部分より、$X = aV$ …②
さらに、右下図の赤部分より、$Y = cX + dW$ …③

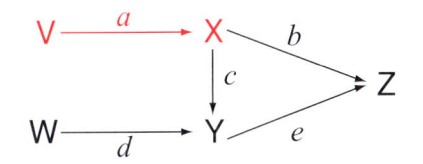

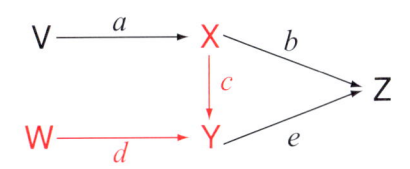

②を③に代入して、$Y = c(aV) + dW = acV + dW$ …④
②と④を①に代入して、
$Z = b(aV) + e(acV + dW)$
 $= abV + aceV + deW = (ab + ace)V + deW$ …⑤
⑤より、ウは**正しい**。
よって、Zを表しているのはアとウ。

2 正解 F 速解の手引き 〈Vからの量〉÷〈Wからの量〉

1より、$Z = (ab + ace)V + deW$ なので、
Vからの商品とWからの商品の比は、$ab + ace : de$ となる。

> Vからの量をWからの量で割る

したがって、$(ab + ace) \div de$ を求めればよい。
$(0.6 \times 0.5 + 0.6 \times 0.4 \times 0.5) \div (1 \times 0.5)$
$= (0.3 + 0.12) \div 0.5 = 0.42 \div 0.5 = 0.84$
よって、Vから納入された商品の量は、Wから納入された商品の量に対して0.84となる。

12 グラフの領域

重要度 ★★☆☆☆

頻出問題

次のような条件で、パソコン（PC）と英語の研修を行うことになった。

- **条件a** PCは7時間以上
- **条件b** 英語は5時間以上
- **条件c** PCは25時間以内
- **条件d** 英語はPCより5時間以上多くならない
- **条件e** 両方合わせて35時間以内

PCの時間を縦軸に取り、英語の時間を横軸に取って図に表すと、5つの条件を満たす領域は右図のようになる。

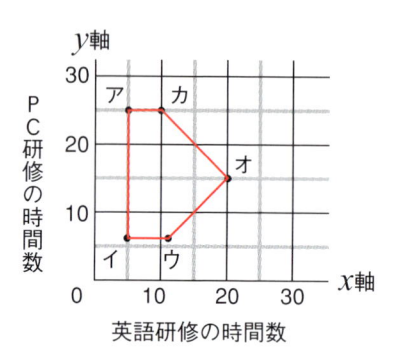

1 解答時間 **1** 分

直線カオで表される境界は、a～eのどの条件によるものか。

- **A** 条件a
- **B** 条件b
- **C** 条件c
- **D** 条件d
- **E** 条件e

スピード解法のポイント

直線を表す式を把握する

直線①：$x=3$
 $x=a$：$(a, 0)$ を通る y 軸に平行な直線
直線②：$y=4$
 $y=b$：$(0, b)$ を通る x 軸に平行な直線
直線③：$y=2x+4$
 $y=ax+b$：$(0, b)$ を通る傾きが a（右肩上がり）の直線
直線④：$y=-x+10$
 $y=-ax+b$：$(0, b)$ を通る傾きが $-a$（右肩下がり）の直線

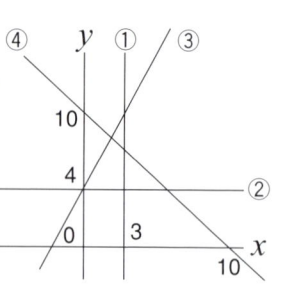

頻出問題の解答・解説

[1] 正解 E　**速解の手引き** 直線を x、y で表す

各条件について、PCの時間を y、英語の時間を x として不等式に表すと、以下のようになる。

条件a　$y \geq 7$
　　　　$y=7$ は x 軸に平行な直線となるので、直線イウ

> x 軸に平行な直線は2つあるので、どの点を通るかで判断する

条件b　$x \geq 5$
　　　　$x=5$ は y 軸に平行な直線となるので、直線アイ
条件c　$y \leq 25$
　　　　$y=25$ は x 軸に平行な直線となるので、直線アカ
条件d　$x \leq y+5 \Rightarrow y \geq x-5$
　　　　$y=x-5$ は右肩上がりの直線なので、直線ウオ

> 右肩上がりの直線は1つしかない

条件e　$x+y \leq 35 \Rightarrow y \leq -x+35$
　　　　$y=-x+35$ は右肩下がりの直線なので、直線カオ

> 右肩下がりの直線は1つだけ

よって、直線カオで表される境界は、$y=-x+35$ の条件eとなる。

別解　点カは(10, 25)、点オは(20, 15)。
　　　　いずれも $x+y=35$ となるので、「両方合わせて35時間以内」という条件eの境界となることがわかる。

基本 練習問題

次のような条件で、コーヒーと紅茶の詰め合せを作りたい。

条件a 両方合わせて40個以下とする
条件b コーヒーは10個以上とする
条件c 紅茶は5個以上とする
条件d コーヒーは紅茶より10個以上多くならないようにする
条件e コーヒーと紅茶が合わせて40個に満たない場合は、砂糖を加えて40個にする

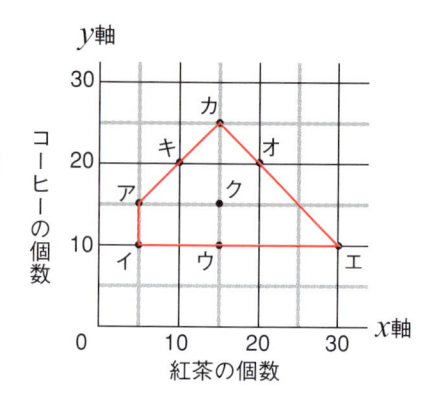

コーヒーの個数を縦軸に取り、紅茶の個数を横軸に取って図に表すと、5つの条件を満たす領域は上図のようになる。

1 解答時間1分

直線アカで表される境界はどの条件に当てはまるか。

- **A** 条件a
- **B** 条件b
- **C** 条件c
- **D** 条件d
- **E** 条件e

2 解答時間1分

点クの場合と砂糖の数が同じ点は、ア〜キのどれか。

- **A** ア
- **B** イ
- **C** ウ
- **D** エ
- **E** オ
- **F** カ
- **G** キ
- **H** A〜Gのいずれでもない

練習問題の解答・解説

1 正解 D

速解の手引き 直線をx、yで表す

各条件について、コーヒーをy、紅茶をxとして不等式に表すと、以下のようになる。

条件a　$x+y \leqq 40 \Rightarrow y \leqq -x+40$
　　　　$y=-x+40$は**右肩下がりの直線**なので、直線カエ

> 右肩下がりの直線は1つしかない

条件b　$y \geqq 10$
　　　　$y=10$はx軸に平行な直線となるので、直線イエ

条件c　$x \geqq 5$
　　　　$x=5$はy軸に平行な直線となるので、直線アイ

条件d　$y \leqq x+10$
　　　　$y=x+10$は**右肩上がりの直線**なので、直線アカ

> 右肩上がりの直線は1つだけ

条件e　砂糖をzとすると、$x+y+z=40$
　　　　x、y以外の要素があるので、図には表せない。

よって、直線アカで表される境界は、$y=x+10$の条件dとなる。

別解 点アは(5, 15)、点カは(15, 25)。
いずれも$y-x=10$となるので、「コーヒーは紅茶より10個以上多くならない」という条件dの境界となることがわかる。

2 正解 G

速解の手引き x、yの合計が同じ点を探す

「点クの場合と砂糖の数が同じ点」は、条件eより「コーヒーと紅茶の合計が点クの場合と同じ点」ということ。
点クは(15, 15)なので、コーヒー15個、紅茶15個で、合計30個。
各点の合計を見てみると、点キが(10, 20)なので、コーヒー20個、紅茶10個で、合計30個。
よって、点クの場合と砂糖の数が同じ点はキとなる。

応用 練習問題

（基本練習問題の続き）
次のような条件で、コーヒーと紅茶の詰め合せを作りたい。

- **条件a** 両方合わせて40個以下とする
- **条件b** コーヒーは10個以上とする
- **条件c** 紅茶は5個以上とする
- **条件d** コーヒーは紅茶より10個以上多くならないようにする
- **条件e** コーヒーと紅茶が合わせて40個に満たない場合は、砂糖を加えて40個にする

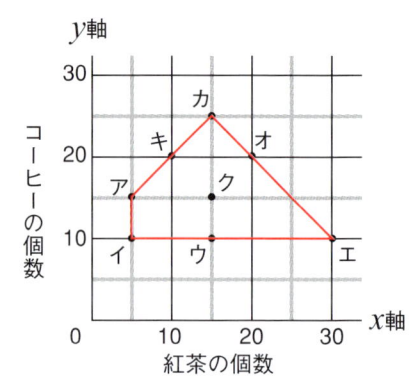

コーヒーの個数を縦軸に取り、紅茶の個数を横軸に取って図に表すと、5つの条件を満たす領域は上図のようになる。

1　解答時間1分

コーヒーは1個200円、紅茶は1個120円、砂糖は1個50円である。ア～キの中で、詰め合せの合計金額が6000円を超える点はどれか。

- **A** カ
- **B** エ
- **C** オ、カ
- **D** エ、オ
- **E** カ、キ
- **F** オ、カ、キ
- **G** エ、オ、カ
- **H** A～Gのいずれでもない

2　解答時間1分

「紅茶はコーヒーより3個以上多くならない」という条件を加えた場合を表す領域の形はどれか。

A　**B** 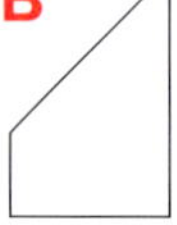　**C** 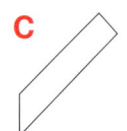　**D** 　**E**

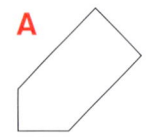

応用 練習問題の解答・解説

1 正解 C

速解の手引き いちばん高い点が含まれている選択肢に注目する

コーヒーがいちばん高く、紅茶が2番目、砂糖が最も安い。したがって、合計金額が高いのは、いちばん高いコーヒーの数が多い組合せ。コーヒーが最も多いのは、点カ（コーヒー25個, 紅茶15個）。
よって、**点カが全部の点の中で最高額**になるので、必ず6000円以上になる。

> 点カ（コーヒー25個, 紅茶15個）の金額は次の通り
> $200 \times 25 + 120 \times 15 = 5000 + 1800 = 6800$（円）

カが含まれる選択肢はCとEとFとGで、カの他は、オ、キ、エの3点である。それぞれを検証すると、
点オ（コーヒー20個, 紅茶20個）
　$200 \times 20 + 120 \times 20 = 4000 + 2400 = 6400$（円）
点キ（コーヒー20個, 紅茶10個, 砂糖10個）
　$200 \times 20 + 120 \times 10 + 50 \times 10 = 4000 + 1200 + 500 = 5700$（円）
点エ（コーヒー10個, 紅茶30個）
　$200 \times 10 + 120 \times 30 = 2000 + 3600 = 5600$（円）
よって、6000円以上になるのは、オとカ。

2 正解 A

速解の手引き 不等式にし、領域を求める

「紅茶はコーヒーより3個以上多くならない」を<u>不等式</u>にすると、

$x \leq y + 3$、つまり $y \geq x - 3$

この領域を表す直線を図に加えると右図になる。そこにできる図形は色のついた部分である。
よって、「紅茶はコーヒーより3個以上多くならない」という条件を加えた場合を表す領域の形は下図の通り。

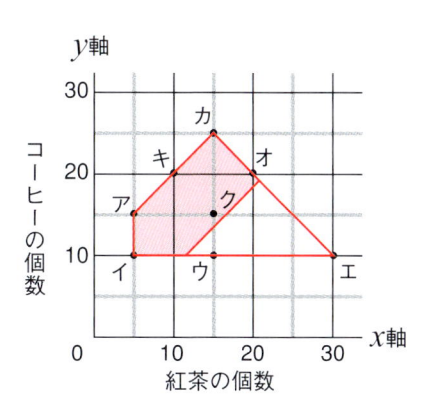

13 f(n)の関数

重要度 ★★☆☆☆

頻出問題

ある書店のアルバイトの時給は、働き出してn年後の時給$f(n)$とその前年度の時給$f(n-1)$との間に、次のような関係がある。
$f(n) = f(n-1) + 10n + 20$ （ただし、$n > 0$で自然数）

1 解答時間 **1**分

初年度の時給が700円であったアルバイトの5年後の時給はいくらか。

- A　800円
- B　850円
- C　920円
- D　950円
- E　1000円
- F　1050円
- G　1080円
- H　A～Gのいずれでもない

2 解答時間 **1**分

4年後の時給が900円のアルバイトの初年度の時給はいくらか。

- A　690円
- B　720円
- C　740円
- D　750円
- E　780円
- F　810円
- G　830円
- H　A～Gのいずれでもない

スピード解法のポイント

$f(n)$の関数とは、$f(n) = f(n-1) + a$などnに数値を代入して解く

たとえば、$f(n) = f(n-1) + 2$の場合
$f(0) = 0$ であれば
$f(1) = f(1-1) + 2 = f(0) + 2 = 0 + 2 = 2$
$f(2) = f(2-1) + 2 = f(1) + 2 = 2 + 2 = 4$
$f(3) = f(3-1) + 2 = f(2) + 2 = 4 + 2 = 6$
　　　　　　⋮
$f(n)$は2ずつ増加する

$f(1) =$	2	
$f(2) =$	$f(1)$	2
$f(3) =$	$f(2)$	2

頻出問題の解答・解説

1 正解 D　速解の手引き　5年後までの昇給分を加える

$f(n) = f(n-1) + 10n+20$ の式は、次のことを表している。

- $f(n)$ … n年後の時給
- $f(n-1)$ … 前年の時給
- $10n+20$ … 昇給分

したがって、初年度の時給は、$f(0) = 700$（円）
　　　　　1年後の時給は、$f(1) = 700 + 10 \times 1 + 20 = 730$（円）
　　　　　2年後の時給は、$f(2) = 730 + 10 \times 2 + 20 = 770$（円）
　　　　　3年後の時給は、$f(3) = 770 + 10 \times 3 + 20 = 820$（円）
　　　　　4年後の時給は、$f(4) = 820 + 10 \times 4 + 20 = 880$（円）
　　　　　5年後の時給は、$f(5) = 880 + 10 \times 5 + 20 = 950$（円）

よって、5年後の時給は950円となる。

変化の仕組みを見抜こう！

別解　昇給分の $10n+20$ は、〈年数によって変化する額〉＋〈定額〉
〈年数によって変化する額〉は毎年10円ずつ増加し、
〈定額〉は20円なので、

$(10+20) + (20+20) + (30+20) + (40+20) + (50+20)$
　1年後　　　2年後　　　3年後　　　4年後　　　5年後
$= 250$（円）
よって、$700 + 250 = 950$（円）となる。

2 正解 B　速解の手引き　4年後までの昇給分を減じる

4年後の時給は、$f(4) = 900$（円）$= f(3) + 10 \times 4 + 20$
3年後の時給は、$f(3) = 900 - 60 = 840$（円）$= f(2) + 10 \times 3 + 20$
2年後の時給は、$f(2) = 840 - 50 = 790$（円）$= f(1) + 10 \times 2 + 20$
1年後の時給は、$f(1) = 790 - 40 = 750$（円）$= f(0) + 10 \times 1 + 20$
初年度の時給は、$f(0) = 750 - 30 = 720$（円）
よって、初年度の時給は720円となる。

別解　昇給分を引いていく。　**1とは反対のケースだが、考え方は同じ**

$900 - (30 + 40 + 50 + 60) = 720$（円）
　　　　　1年後　2年後　3年後　4年後

基本 練習問題

ある水槽に給水口から水を注ぐ。注ぎ始めてから n 分後の水槽中の水量は、次の $f(n)$ で表される（単位：m³）。
$f(n) = f(n-1) + 0.01n^2$ （ただし、$n \geq 1$）
ただし、$f(0) = a$（a：最初に水槽に入っていた水量）

1　解答時間 1 分

初めに水が入っていないとき、水を注ぎ始めてから4分後の水槽中の水量は何m³か。

A　0.03 m³　　B　0.05 m³　　C　0.06 m³
D　0.12 m³　　E　0.18 m³　　F　0.20 m³
G　0.30 m³　　H　A～Gのいずれでもない

2　解答時間 1 分

水を注ぎ始めてから3分後の水槽中の水量が 0.48m³ であるとき、最初に水槽に入っていた水量は何m³か。

A　0.08 m³　　B　0.13 m³　　C　0.16 m³
D　0.22 m³　　E　0.27 m³　　F　0.34 m³
G　0.38 m³　　H　A～Gのいずれでもない

ヒント

2 は、1 で求めた4分後の注水量のうち、3分後までの注水量の合計を利用しよう。

練習問題の解答・解説

1 正解 G　[速解の手引き] 4分間の注水量を求める

「初めに水が入っていないとき」は、**a＝0** である場合。
したがって、$f(0)=0$

1分後　$f(1) = f(1-1) + 0.01 \times 1^2$
　　　　　　$= f(0) + 0.01 \times 1^2 = 0 + 0.01 = 0.01$ (m³)

2分後　$f(2) = f(2-1) + 0.01 \times 2^2$
　　　　　　$= f(1) + 0.01 \times 2^2 = 0.01 + 0.04 = 0.05$ (m³)

3分後　$f(3) = f(3-1) + 0.01 \times 3^2$
　　　　　　$= f(2) + 0.01 \times 3^2 = 0.05 + 0.09 = 0.14$ (m³)

4分後　$f(4) = f(4-1) + 0.01 \times 4^2$
　　　　　　$= f(3) + 0.01 \times 4^2 = 0.14 + 0.16 = 0.30$ (m³)

よって、水を注ぎ始めてから4分後の水槽中の水量は0.30m³となる。

> 初め水は入っていないので、注いだ量だけ求める

別解 1分ごとに増加するのは〔**$0.01 \times n^2$**〕なので、

$\underbrace{0.01 \times 1^2}_{\text{1分後}} + \underbrace{0.01 \times 2^2}_{\text{2分後}} + \underbrace{0.01 \times 3^2}_{\text{3分後}} + \underbrace{0.01 \times 4^2}_{\text{4分後}}$

$= 0.01 + 0.04 + 0.09 + 0.16 = 0.30$ (m³)

2 正解 F　[速解の手引き] 3分間の注水量を減じる

水量は、1分ごとに〔$0.01 \times n^2$〕増加する。
これを利用すると、

　a　＋　$\underbrace{0.01 \times 1^2}_{\text{1分後}} + \underbrace{0.01 \times 2^2}_{\text{2分後}} + \underbrace{0.01 \times 3^2}_{\text{3分後}} = 0.48$

$a = 0.48 - (\ 0.01\ +\ 0.04\ +\ 0.09\ ) = 0.48 - 0.14 = 0.34$ (m³)

> 1 の 別解 の計算経過を利用しよう！

よって、最初に水槽に入っていた水量は0.34m³となる。

14 資料の読み取り〈百分率〉

重要度 ★★★★★

頻出問題（1）

ある月に、酒屋P、Q、Rで販売されたワインを産地別に調査したところ、下表のようになった。

	P	Q	R
販売総数	3400本	5100本	
国産	40%	30%	20%
フランス産	30%		50%
アメリカ産	30%		30%

1 解答時間 1分

酒屋Pと酒屋Qで販売された国産ワインは、どちらが何本多いか。

- A　Pが250本多い
- B　Pが200本多い
- C　Pが170本多い
- D　Pが120本多い
- E　Qが120本多い
- F　Qが170本多い
- G　Qが200本多い
- H　A～Gのいずれでもない

2 解答時間 1分

酒屋Rで販売されたアメリカ産ワインが1440本のとき、酒屋Rの販売総数は何本か。

- A　2750本
- B　3200本
- C　3780本
- D　4450本
- E　4800本
- F　5670本
- G　6180本
- H　A～Gのいずれでもない

スピード解法のポイント

百分率を示す公式をマスターする

- ●百分率（％）＝部分÷全体×100
- ●部分＝全体×$\frac{百分率（\%）}{100}$
- ●全体＝部分÷$\frac{百分率（\%）}{100}$

頻出問題（1）の解答・解説

1 正解 F

速解の手引き 部分＝全体×$\dfrac{\text{百分率（\%）}}{100}$

1st step 酒屋Pと酒屋Qで販売された国産ワインの本数を求める。

それぞれ**部分＝全体×$\dfrac{\text{百分率（\%）}}{100}$**で求められる。

	P	Q	R
販売総数	3400本	5100本	
国産	40％	30％	20％
フランス産	30％		50％
アメリカ産	30％		30％

$3400 \times \dfrac{40}{100} = 1360$（本）　　　$5100 \times \dfrac{30}{100} = 1530$（本）

2nd step 酒屋Qと酒屋Pの本数の差を求める。

1530（酒屋Qの本数）－1360（酒屋Pの本数）＝170（本）
よって、酒屋Pより酒屋Qのほうが170本多くなる。

2 正解 E

速解の手引き 全体＝部分÷$\dfrac{\text{百分率（\%）}}{100}$

✎酒屋Rの販売総数は、**全体＝部分÷$\dfrac{\text{百分率（\%）}}{100}$**で求められる

	P	Q	R
販売総数	3400本	5100本	←ここを求める
国産	40％	30％	20％
フランス産	30％		50％
アメリカ産	30％		30％ ←ここが1440本

$1440 \div \dfrac{30}{100} = 1440 \times \dfrac{100}{30} = 4800$（本）

よって、酒屋Rの販売総数は4800本となる。

少なくとも1つの公式だけは絶対に暗記する！

別解 部分＝全体×$\dfrac{\text{百分率（\%）}}{100}$の公式しか覚えていない場合、

全体（総数）をxとおき、方程式で解いてもよい。

$1440 = x \times \dfrac{30}{100}$　➡　$x = 1440 \times \dfrac{100}{30} = 4800$（本）

頻出問題（2）

（頻出問題（1）の続き）
ある月に、酒屋P、Q、Rで販売されたワインを産地別に調査したところ、下表のようになった。

	P	Q	R
販売総数	3400本	5100本	
国産	40%	30%	20%
フランス産	30%		50%
アメリカ産	30%		30%

1 解答時間 **1**分

酒屋Pで販売されたフランス産ワインと酒屋Qで販売されたアメリカ産ワインの本数が等しいとき、酒屋Qでのアメリカ産ワインの販売割合は何％か。

A 15％　　B 20％　　C 25％
D 30％　　E 35％　　F 40％
G 45％　　H A〜Gのいずれでもない

2 解答時間 **1**分

酒屋Qで販売された国産ワインのうち、山梨産ワインが80％を占めていた。酒屋Qで販売された山梨産ワインは何本か。

A 1088本　　B 1152本　　C 1224本
D 1364本　　E 1448本　　F 1506本
G 1558本　　H A〜Gのいずれでもない

頻出問題（2）の解答・解説

1 正解 B

速解の手引き 部分＝全体×$\dfrac{百分率(\%)}{100}$、百分率＝部分÷全体×100

	P	Q	R
販売総数	3400本	5100本	
国産	40％	30％	20％
フランス産	30％		50％
アメリカ産	30％		30％

この２つが同数

1st step 酒屋Pのフランス産ワインの本数を求める。

部分＝全体×$\dfrac{百分率(\%)}{100}$

$3400 \times \dfrac{30}{100} = 1020$（本）

2nd step 酒屋Qでのアメリカ産ワインの販売割合を求める。

百分率（％）＝部分÷全体×100

$1020 \div 5100 \times 100 = 20$（％）

よって、酒屋Qでのアメリカ産ワインの販売割合は20％。

別解 部分＝全体×$\dfrac{百分率(\%)}{100}$ の公式しか覚えていない場合、百分率（％）を x とおき、方程式で解いてもよい。

$1020 = 5100 \times \dfrac{x}{100}$ ➡ $x = 1020 \div 5100 \times 100 = 20$（％）

2 正解 C

速解の手引き 部分＝全体×$\dfrac{百分率(\%)}{100}$

頻出問題（1）の 1 で求めた酒屋Qの国産ワインの本数は1530本。

山梨産ワインはそのうちの80％なので、部分＝全体×$\dfrac{百分率(\%)}{100}$ で求められる。

$1530 \times \dfrac{80}{100} = 1224$（本）

よって、酒屋Qで販売された山梨産ワインは1224本となる。

基本 練習問題（1）

下の表はP、Q、R、Sの4つの国の人口、面積、人口密度、高齢者人口率を示したものである。

	人口（万人）	面積（千km²）	人口密度（人/km²）	高齢者人口率（%）
P国	5430	676	ア	6.2
Q国	イ	9598	139	8.5
R国	22564	ウ	121	6.3
S国	113402	3287	345	エ

注）高齢者人口率は、次の式で表される。　高齢者人口率＝65歳以上人口÷総人口×100

1　解答時間 1分

空欄　ア　に入る値はいくつか。

- A　8
- B　12
- C　37
- D　80
- E　108
- F　122
- G　256

2　解答時間 1分

空欄　イ　に入る値はいくつか。

- A　98077
- B　133211
- C　176256
- D　389051
- E　891643
- F　1333925
- G　1506875

ヒント

単位に注意して、数字を丸めてから公式を利用する！

基本 練習問題（1）の解答・解説

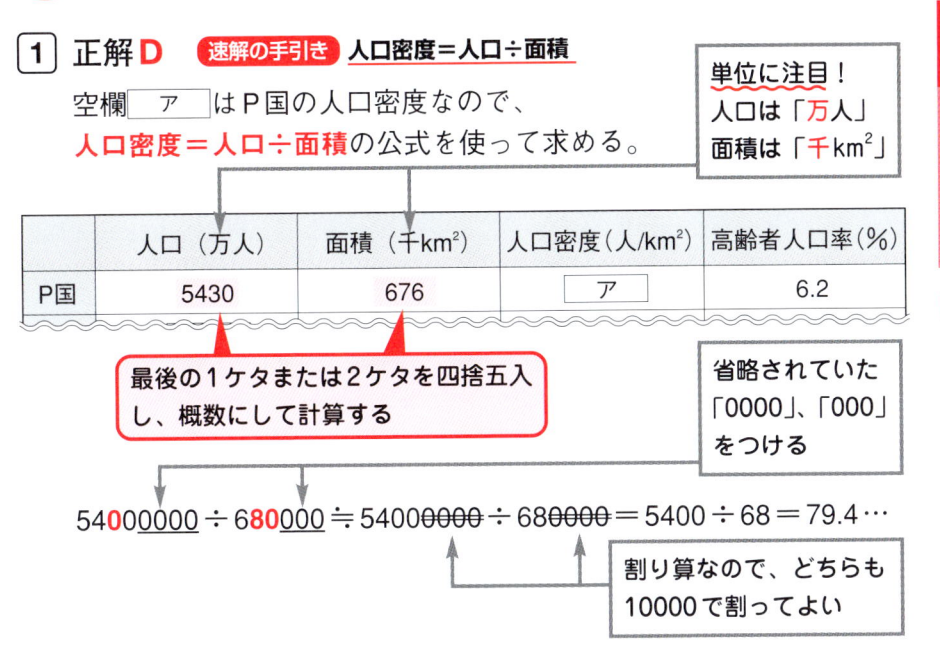

1 正解 D

速解の手引き 人口密度＝人口÷面積

空欄 ア はP国の人口密度なので、
人口密度＝人口÷面積の公式を使って求める。

単位に注目！
人口は「万人」
面積は「千km²」

	人口（万人）	面積（千km²）	人口密度（人/km²）	高齢者人口率（％）
P国	5430	676	ア	6.2

最後の1ケタまたは2ケタを四捨五入し、概数にして計算する

省略されていた「0000」、「000」をつける

$54000000 \div 680000 \fallingdotseq 54000000 \div 680000 = 5400 \div 68 = 79.4\cdots$

割り算なので、どちらも10000で割ってよい

よって、約79となり、選択肢の中で最も近い値は80である。

概数で計算しているので、計算の結果は近似値となる。したがって、最も数字の近いものを選べばよい

2 正解 B

速解の手引き 人口＝面積×人口密度

空欄 イ はQ国の人口なので、
人口＝面積×人口密度の公式を使って求める。

$9598000 \times 139 \fallingdotseq 9600000 \times 140 = 1344000000$

面積の単位千km²の「000」をつける

概数で計算する

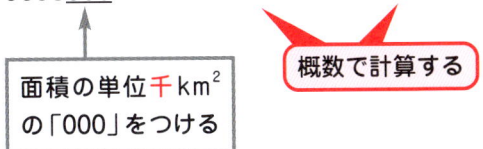

➡ イ に入る数字の単位は「万人」なので、0000を取る。
➡ 約134400万人

よって、選択肢の中で最も近い値は133211である。

基本 練習問題（2）

（基本練習問題（1）の続き）
下の表はP、Q、R、Sの4つの国の人口、面積、人口密度、高齢者人口率を示したものである。

	人口（万人）	面積（千km²）	人口密度（人/km²）	高齢者人口率（％）
P国	5430	676	ア	6.2
Q国	イ	9598	139	8.5
R国	22564	ウ	121	6.3
S国	113402	3287	345	エ

注）高齢者人口率は、次の式で表される。　高齢者人口率＝65歳以上人口÷総人口×100

1 解答時間 **1**分

空欄　ウ　に入る値はいくつか。

A　186　　B　316　　C　508　　D　895
E　1860　　F　3162　　G　5120

2 解答時間 **1**分

S国の65歳以上の人口が5670万人とすると、空欄　エ　に入る値はいくつか。

A　3.8　　B　5.0　　C　6.4　　D　8.0
E　9.2　　F　10.5　　G　12.0

3 解答時間 **1**分

R国の65歳以上の人口は、P国の65歳以上の人口の約何倍か。

A　約2倍　　B　約3倍　　C　約4倍　　D　約5倍
E　約6倍　　F　約7倍　　G　約8倍

基本 練習問題（2）の解答・解説

[1] 正解 E

速解の手引き 面積＝人口÷人口密度

空欄 ウ はR国の面積なので、
面積＝人口÷人口密度の公式を使って求める。
225640000 ÷ 121 ≒ 225600000 ÷ 120 ＝ 1880000

（225640000の下線部「0000」について）
人口の単位**万人**の「0000」をつける

➡ ウ に入る数字の単位は「**千**」なので、「000」を取る
➡ 約1880千km^2
よって、選択肢の中で最も近い値は1860である。

[2] 正解 B

速解の手引き 高齢者人口率＝65歳以上人口÷総人口×100

空欄 エ はS国の高齢者人口率なので、
表外の注にある**高齢者人口率＝65歳以上人口÷総人口×100**を使う。

一般的ではない公式は、表の欄外に示されているので、注意しておこう

5670 ÷ 113402 × 100 ≒ 5700 ÷ 113000 × 100 ≒ 5.0

どちらも「万人」なので、そのままOK

よって、選択肢の中で最も近い値は5.0である。

[3] 正解 C

速解の手引き 総人口×高齢者人口率÷100

65歳以上の人口は、**総人口×高齢者人口率÷100**で求められる。
P国の高齢者人口は、
5430 × 6.2 ÷ 100 ≒ 5400 × 6 ÷ 100 ＝ 324（万人）
R国の高齢者人口は、
22564 × 6.3 ÷ 100 ≒ 22600 × 6 ÷ 100 ＝ 1356（万人）
P国の高齢者人口に対するR国の高齢者人口の比は、
1356 ÷ 324 ≒ 4.1　　　よって、約4倍となる。

公式を使わなくても解ける！

別解 P国、R国の高齢者人口率はともに約6％なので、両国の高齢者の数の比は総人口の比に比例する。したがって、22564 ÷ 5430 ≒ 4から、約4倍と求めることができる。

15 資料の読み取り＜その他＞

重要度 ★★★★☆

頻出問題

次の資料は、ある英会話学校の授業と料金システムである。

	6ヶ月コース（週1回）		個別レッスン	
	授業料	開講日	授業料(1回)	開講日
日常英会話コース	¥72000	月・木	¥4200	月～金
トラベル英会話コース	¥75000	火・金	¥4500	月～金
ビジネス英会話コース	¥110000	水・土	¥6000	随時
TOEIC対策コース	¥90000	日	¥5000	随時

＊個別レッスンを2人で受講する場合、各人の授業料が30％割引
＊個別レッスンを10回以上申し込むと、11回目からは20％割引
＊6ヶ月コースと個別レッスンを同時に申し込むと、個別レッスンの授業料が20％割引
＊6ヶ月コースの複数曜日に開講があるコースは、他の曜日への振替が10回までできる

1 解答時間 1分

資料と合致しない説明はどれか。A～Hの中から1つ選びなさい。

ア　日常英会話のレッスンを土曜日に受けることはできない
イ　トラベル英会話6ヶ月コースの1ヶ月分の授業料は12000円
ウ　ビジネス英会話の個別レッスンを2名で8回申し込むと、1名分の授業料は33600円となる

A　アだけ　　　　　　B　イだけ　　　　　　C　ウだけ
D　アとイ　　　　　　E　アとウ　　　　　　F　イとウ
G　アとイとウ　　　　H　A～Gのいずれでもない

スピード解法のポイント

資料を読み解く

● 資料をもとに数値を算出する
● 資料の内容と合致するかどうかを判断する

頻出問題の解答・解説

1 正解 B

速解の手引き 与えられた資料を細部まで検討する

1st step 各条件について検証する。

下表 ○ → ア 日常英会話の授業は6ヶ月コース、個別レッスンとも平日なので、土曜日に受けることはできない
➡ **合致する**

下表 ○

イ トラベル英会話6ヶ月コースの授業料は75000円なので、1ヶ月分は、75000÷6＝12500（円）となる
➡ **合致しない**

下表 ○ → ウ ビジネス英会話の個別レッスンを2名で申し込むと、30％の割引になるので、

（表の欄外の注にも重要な資料が含まれている）

1回につき6000×（1－0.3）＝4200（円）
8回だと、4200×8＝33600（円）となる
➡ **合致する**

	6ヶ月コース（週1回）		個別レッスン	
	授業料	開講日	授業料（1回）	開講日
日常英会話コース	¥72000	月・木	¥4200	月～金
トラベル英会話コース	¥75000	火・金	¥4500	月～金
ビジネス英会話コース	¥110000	水・土	¥6000	随時
TOEIC対策コース	¥90000	日	¥5000	随時

＊個別レッスンを2人で受講する場合、各人の授業料が30％割引
＊個別レッスンを10回以上申し込むと、11回目からは20％割引
＊6ヶ月コースと個別レッスンを同時に申し込むと、個別レッスンの授業料が20％割引
＊6ヶ月コースの複数曜日に開講があるコースは、他の曜日への振替が10回までできる

2nd step 問題に沿った解答を選ぶ。

（問題文は落ち着いて最後まで読むこと）

この問題では「合致しない説明」を選ばなければならない。
よって、イだけを示しているBが正しい。

基本 練習問題（1）

次の表は、あるホテルの料金を示したものである。

1名あたりの宿泊料金				
宿泊場所	宿泊日	1室：大人2名利用	1室：大人3名以上利用	子供1名の追加料金
本館	平日・日曜日	15000円	13000円	6500円
本館	土曜日	17000円	15000円	7500円
新館	平日・日曜日	16000円	14000円	7000円
新館	土曜日	18000円	16000円	8000円

＊8月12日〜14日は平日でも土曜日料金、9月中は土曜日も平日料金となる
＊キャンセル料は宿泊予定日の14日前までは無料、13日〜8日前は宿泊料金の20％、7日〜2日前は30％、前日は50％、当日は60％である

1 解答時間 1 分

9月11日の土曜日に、大人2人と子供2人の家族が本館に1泊した。この場合の宿泊料金は合計でいくらになるか。

- A 28000円
- B 32000円
- C 39000円
- D 43000円
- E 46000円
- F 51000円
- G 58000円
- H A〜Gのいずれでもない

2 解答時間 1 分

9月24日の水曜日に、大人3人と子供1人で新館に1泊する予約をしていたが、9月15日にキャンセルした。この場合、キャンセル料はいくらになるか。

- A 0円
- B 2700円
- C 9800円
- D 11000円
- E 14700円
- F 25000円
- G 28800円
- H A〜Gのいずれでもない

基本 練習問題（1）の解答・解説

1 正解 D　**速解の手引き** 大人2名の宿泊料金＋子供2名の宿泊料金＝答え

1名あたりの宿泊料金

宿泊場所	宿泊日	1室：大人2名利用	1室：大人3名以上利用	子供1名の追加料金
本館	平日・日曜日	15000円	13000円	6500円
本館	土曜日	17000円	15000円	7500円
新館	平日・日曜日	16000円	14000円	7000円
新館	土曜日	18000円	16000円	8000円

＊8月12日〜14日は平日でも土曜日料金、9月中は土曜日も平日料金となる。
＊キャンセル料は宿泊予定日の14日前までは無料、13日〜8日前は宿泊料金の20％、7日〜2日前は30％、前日は50％、当日は60％である

「9月11日の土曜日に、大人2人と子供2人の家族が本館に1泊した」ので、欄外の〇より、平日料金で合計を計算する。

大人　15000（円）×2＝30000（円）
子供　6500（円）×2＝13000（円）
合計　30000（円）＋13000（円）＝43000（円）
よって、宿泊料金の合計は43000円となる。

欄外に注意事項がある場合は要注意

2 正解 C　**速解の手引き** 宿泊料金合計×割合＝答え

1名あたりの宿泊料金

宿泊場所	宿泊日	1室：大人2名利用	1室：大人3名以上利用	子供1名の追加料金
本館	平日・日曜日	15000円	13000円	6500円
本館	土曜日	17000円	15000円	7500円
新館	平日・日曜日	16000円	14000円	7000円
新館	土曜日	18000円	16000円	8000円

＊8月12日〜14日は平日でも土曜日料金、9月中は土曜日も平日料金となる。
＊キャンセル料は宿泊予定日の14日前までは無料、13日〜8日前は宿泊料金の20％、7日〜2日前は30％、前日は50％、当日は60％である

宿泊料金を求める

「9月24日の水曜日に、大人3人と子供1人で新館に1泊する予約をしていた」ので、14000×3＋7000×1＝49000（円）

上表〇より

キャンセル料を求める

9月24日の予約を9月15日にキャンセル ⇒ 9日前のキャンセルなので、20％のキャンセル料がかかる

欄外〇

49000（円）×0.2＝9800（円）
よって、キャンセル料は9800円となる。

基本 練習問題（2）

ある市には、スタート地点Q駅からゴール地点M山頂までのハイキングコースがあり、途中にP公園、O高校、N美術館がある。下表は各地点の間の標高差を表したものである。

（単位：m）

	M山頂	N美術館	O高校	P公園	Q駅
M山頂		－125			
N美術館	125		－20		－55
O高校		20		－30	
P公園			30		
Q駅		55			

この表から、たとえばN美術館よりもM山頂は125m高い位置にあり、Q駅は55m低い位置にあることがわかる。このとき、「N美術館に対するM山頂の標高差は125m」、「N美術館に対するQ駅の標高差は－55m」と表すことにする。

1 解答時間1分

P公園に対するN美術館の標高差は何mか。

- A －90m
- B －50m
- C －25m
- D －10m
- E 10m
- F 25m
- G 50m
- H 90m

2 解答時間1分

O高校に対するQ駅の標高差は何mか。

- A －50m
- B －45m
- C －35m
- D －15m
- E 15m
- F 35m
- G 45m
- H 50m

基本 練習問題（2）の解答・解説

1 正解 G　速解の手引き 各地点間の標高差を求める

5地点間の垂直方向の位置関係を図に表すと、下図のようになる。

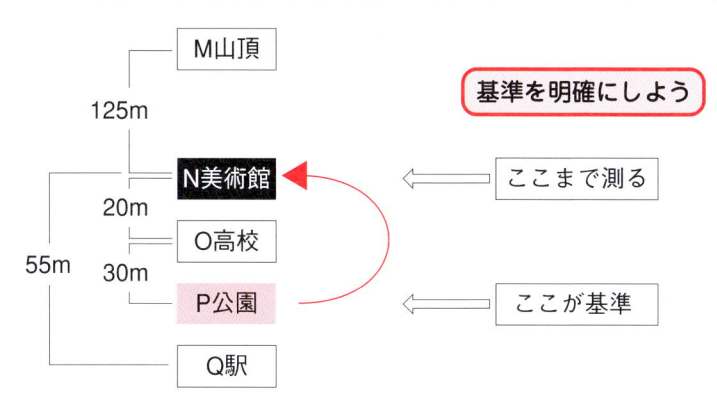

```
        M山頂
    125m
        N美術館 ← ここまで測る　　基準を明確にしよう
     20m
        O高校
55m  30m
        P公園 ← ここが基準
        Q駅
```

問題文の「～に対する…の標高差」とは、「～を基準にした…までの距離」のこと。
➡「P公園に対するN美術館の標高差」＝「P公園を基準にしたN美術館までの距離」
➡上の図から、20＋30＝50（m）
よって、P公園よりN美術館のほうが**高い位置**にあるので、標高差は（＋）50m。

2 正解 C　速解の手引き 各地点間の標高差を求める

「O高校に対するQ駅の標高差」＝「O高校を基準にしたQ駅までの距離」

① O高校からP公園までの標高差は、30（m）
② P公園からQ駅までの標高差は、
　55－（20＋30）＝5（m）
③ O高校からQ駅までの標高差は、30＋5＝35（m）
よって、Q駅のほうがO高校より**低い位置**にあるので、標高差は－35m。

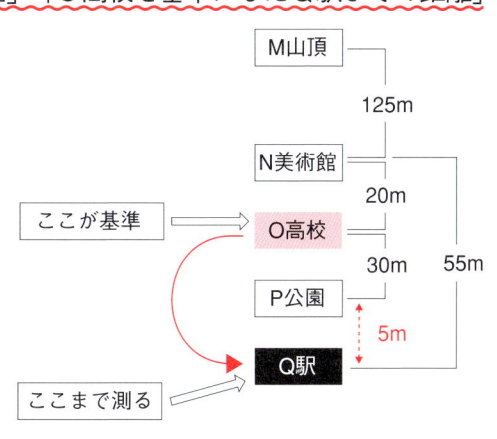

```
        M山頂
    125m
        N美術館
     20m
ここが基準 → O高校
         30m   55m
        P公園
              5m
ここまで測る → Q駅
```

16 比率

重要度 ★★★☆☆

頻出問題

右の表は、P市、Q市、R市の人口密度（1km²あたりの人口）を示したものである。P市、Q市、R市の面積の比は、2：3：1である。

	人口密度
P市	200
Q市	170
R市	150

1 解答時間 **1**分

推論ア、イの正誤を考え、A～Iの中から正しいものを1つ選びなさい。

　ア　Q市の人口は、P市の人口とR市の人口の和よりも多い
　イ　P市の人口の5％がR市に転入すると、R市とQ市の人口密度は等しくなる

A　アもイも正しい
B　アは正しいが、イはどちらともいえない
C　アは正しいが、イは誤り
D　アはどちらともいえないが、イは正しい
E　アもイもどちらともいえない
F　アはどちらともいえないが、イは誤り
G　アは誤りだが、イは正しい
H　アは誤りだが、イはどちらともいえない
I　アもイも誤り

スピード解法のポイント

実数値がわからない場合、比率を当てはめて考える

- 人口密度の公式　　：人口密度＝人口÷面積
- 食塩水濃度の公式：濃度（％）＝食塩の量÷食塩水の量×100

頻出問題の解答・解説

1 正解 G
速解の手引き 面積比から人口を仮定して計算し、比較する

1st step 仮の面積を設定する。

各市の面積は比しかわかっていないので、仮に比をそのまま面積に設定する。

P市：2km²
Q市：3km²
R市：1km²

> 推論の内容は、人口や人口密度の大小関係を述べたものなので、比で考えればOK

2nd step 各市の人口を求める。

人口＝面積×人口密度の公式で、各市の人口を求める。

P市の人口：2×200＝400（人）
Q市の人口：3×170＝510（人）
R市の人口：1×150＝150（人）

3rd step 推論の正誤を考える。

🖊 **推論アの正誤を考える**

P市の人口とR市の人口の和 ➡ 400＋150＝550（人）
よって、Q市の人口（510人）はP市の人口とR市の人口の和（550人）より少ないので、アは**誤り**。

🖊 **推論イの正誤を考える**

P市の人口400人の5％は、**部分＝全体×百分率（％）/100** で求められる。

> 116ページ「スピード解法のポイント」の公式から

$$400 \times \frac{5}{100} = 20 （人）$$

その20人がR市に転入するので、
R市の人口は150＋20＝170（人）となる。
R市の人口密度は、**人口密度＝人口÷面積**で求められる。
170÷1＝170（人/km²）

> 人口密度の公式を使う

よって、Q市の人口密度と等しくなるので、イは**正しい**。

基本 練習問題

右の表は、食塩水P、Q、Rの濃度を示している。
QはPの半分の量であり、RはPと同じ量である。

	濃度
P	4%
Q	7%
R	10%

1 解答時間 **1**分

推論ア、イの正誤を考え、A〜Iの中から正しいものを1つ選びなさい。

　ア　PとQを混ぜた食塩水の食塩の量は、Rに含まれる食塩の量より少ない
　イ　Pを半分に蒸発させると、Rと同じ濃度になる

- **A** アもイも正しい
- **B** アは正しいが、イはどちらともいえない
- **C** アは正しいが、イは誤り
- **D** アはどちらともいえないが、イは正しい
- **E** アもイもどちらともいえない
- **F** アはどちらともいえないが、イは誤り
- **G** アは誤りだが、イは正しい
- **H** アは誤りだが、イはどちらともいえない
- **I** アもイも誤り

2 解答時間 **1**分

推論カ、キの正誤を考え、A〜Iの中から正しいものを1つ選びなさい。

　カ　RにQと同量の水を加えると、Qと濃度が等しくなる
　キ　RにPの半分を加えても、Qの濃度より大きい

- **A** カもキも正しい
- **B** カは正しいが、キはどちらともいえない
- **C** カは正しいが、キは誤り
- **D** カはどちらともいえないが、キは正しい
- **E** カもキもどちらともいえない
- **F** カはどちらともいえないが、キは誤り
- **G** カは誤りだが、キは正しい
- **H** カは誤りだが、キはどちらともいえない
- **I** カもキも誤り

基本 練習問題の解答・解説

1 正解 C

速解の手引き 食塩の量＝食塩水の量×濃度÷100

> 比を当てはめてみる

QはPの半分の量で、RはPと同じ量なので、P：Q：R＝2：1：2
食塩水の量を、仮にP＝200g、Q＝100g、R＝200gとする。
それぞれに含まれる食塩の量は、**食塩水の量×濃度÷100**なので、
P：200×0.04＝8（g）　　　Q：100×0.07＝7（g）
R：200×0.10＝20（g）

推論アの正誤を考える

PとQを混ぜた食塩水の食塩の量 ➡ 8＋7＝15（g）
Rに含まれる食塩20gより少ないので、アは**正しい**。

推論イの正誤を考える

Pを半分に蒸発させる ➡ 食塩水の量が半分になる ➡ 100（g）
食塩の量はそのままなので、8g。

> 水を蒸発させても食塩は残る

Pの濃度は、**食塩の量÷食塩水の量×100**なので、
8÷100×100＝8（％）
Rの濃度10％と同じにはならないので、イは**誤り**。

2 正解 G

速解の手引き 濃度＝食塩の量÷食塩水の量×100

推論カの正誤を考える

Rの食塩水にQと同量の水を加える
➡ 食塩水の量は、200＋100＝300（g）
食塩の量は変わらないので、20g。

> 〈スピード解法の
> ポイント〉
> 食塩水濃度の公式

Rの濃度は、**食塩の量÷食塩水の量×100**なので、
20÷300×100＝6.66…（％）
Qの濃度7％と同じにはならないので、カは**誤り**。

推論キの正誤を考える

RにPの半分を加える ➡ 食塩水の量は、200＋200×$\frac{1}{2}$＝300（g）

食塩の量は、20＋8×$\frac{1}{2}$＝24（g）

> Pの半分ならば食塩の量も半分

Rの濃度は**食塩の量÷食塩水の量×100**なので、24÷300×100＝8（％）
Qの濃度7％より大きいので、キは**正しい**。

17 長文の読み取り

重要度 ★★☆☆☆

頻出問題

次の文章を読んで、問いに答えなさい。

> 　今年10月、スポーツクラブの「Xスポーツ」が首都圏に2施設をオープンする。Xスポーツの首都圏にある既存の9施設はいずれも都心や駅に近い立地で、ビジネスマンやOLが仕事帰りに利用するケースが多く、20〜30歳代を中心に会員を増やしてきた。しかし、今回新規オープンするのはいずれも住宅地や郊外にあり、高齢者や主婦にもターゲットを広げている。このような会員層の拡大をねらう背景には、会員数の伸び悩みがある。今年1月から6月までの6ヶ月間、首都圏の既存施設の平均会員数は、毎月前月に比べて5%ずつ減少している。東京23区内の5施設に限ってみれば、4月から6月までの3ヶ月間で前月比10%ずつ会員が減少している実態がある。

1 解答時間 **2**分

本文の内容から、正しいと判断できるものはどれか。

- **A** 2施設が新規オープンすると、Xスポーツは今年中に全国で11施設になる
- **B** 今年、東京23区内では会員が増加したXスポーツの施設はない
- **C** 今年の前半で、Xスポーツの首都圏の各施設の平均売上は約30%減少した
- **D** 東京23区内のXスポーツの会員数は、今年の3月と6月を比べると約27%減少した
- **E** Xスポーツでは40歳未満の会員のほうが、40歳以上の会員よりも多い

スピード解法のポイント

問題部分と対応する「正しい」データを文中から探す

- ●「そうかもしれない」「可能性がある」では、「正しい」とはいえない
- ●文中にデータがそろっている場合、数値が正しいか計算して確かめる

頻出問題の解答・解説

1 正解 D   速解の手引き 文中のデータだけで判断できるかどうかを吟味する

各選択肢を検証する。

A　首都圏だけで見ると、既存施設9に新規施設2を加えて11となるが、<u>全国には他の施設があるかもしれない。</u>
　➡正しいかわからない

> さらに、「今年中に」という表現にも注意。
> 本文中では10月に新規オープンとあるだけで、その後年末までにオープンする施設があるかもしれない

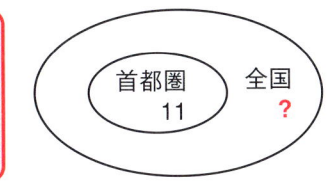

（図：首都圏 11／全国 ?）

B　<u>各施設の会員数の内訳はわからない。</u>また、本文中で述べられているのは「平均会員数」の減少でしかない。
　➡正しいかわからない

C　<u>会員と売上の関係は述べられていない。</u>また、本文中に述べられているのは、今年1月から6月までの「会員数」の減少であり、売上ではない。➡正しいかわからない

> 仮に「会員数」でも、正しくない。
> 減少率5％が6ヶ月続いたので、$(1-0.05)^6$ となる。
> $0.95^6 ≒ 0.735$　　$1 - 0.735 = 0.265$
> よって、会員数は約27％の減少

D　「4月から6月までの3ヶ月間で前月比10％ずつ会員が減少」なので、仮に3月の会員数を100人とすると、
　4月　$100 × (1 - 0.1) = 90$（人）
　5月　$90 × (1 - 0.1) = 81$（人）
　6月　$81 × (1 - 0.1) = 72.9$（人）

> 減少率10％が3ヶ月続いたので、単純に、$(1-0.1)^3$ で表すこともできる。
> $0.9 × 0.9 × 0.9 = 0.729$

3月と6月を比べた減少率は、
$100 - 72.9 = 27.1$　　$27.1 ÷ 100 × 100 = 27.1$（％）
よって、3月と6月を比べると27.1％の減少なので、約27％減少といえる。
　➡<u>正しいといえる</u>

E　会員の年齢構成についての<u>正確な記述はない。</u>
　➡正しいかわからない

基本 練習問題

次の文章を読んで、問いに答えなさい。

> 文部科学省は昨年11～12月、給食を実施している全国の国公私立の小中学校計31921校を対象に、給食費の徴収状況などを調べた。
>
> それによると、43.6％にあたる小中学校で給食費の滞納があり、滞納総額は22億2963万円だった。滞納率（本来徴収されるべき給食費に占める滞納額の割合）は0.5％。児童・生徒数では98993人だった。
>
> 各学校に滞納の主な原因を尋ねたところ、「保護者としての責任感や規範意識」をあげた学校が60.0％、「保護者の経済的な問題」をあげた学校は33.1％だった。
>
> 滞納世帯については、「電話や文書による説明・督促」「家庭訪問」などが行われており、法的措置を実施したり、検討したりしたケースも281件あった。
>
> P中学校では、全生徒654人のうち滞納者が21人いた。年6回の文書での督促や、家庭や職場を訪問して支払いを求めたが、効果がなかった。このため、意図的に支払わない保護者ばかりだと判断し、「給食申込書」を配布する手段をとったという。
>
> （読売新聞2007年1月25日付記事をもとに作成）

1 解答時間 **1分**

今回の調査対象校のうち、給食費に滞納があった小中学校は何校か。

- A　13907校
- B　16550校
- C　21047校
- D　28911校
- E　31921校
- F　36735校
- G　48023校

2 解答時間 **2分**

本文の内容から、正しいと判断できるものはどれか。

- A　小学校のほうが中学校よりも滞納者の割合が高い
- B　滞納のあった小中学校の1校あたりの平均滞納額は約16万円
- C　給食費滞納者の3人に1人が経済的な理由による滞納である
- D　給食費滞納のあった小中学校の約2％で法的措置がとられている
- E　P中学の生徒全体に占める滞納者の割合は全国平均より高い

基本 練習問題の解答・解説

1 正解 A

速解の手引き 部分＝全体×百分率（％）/100

「…全国の国公私立の小中学校計31921校を対象に、…調べた。それによると、43.6％にあたる小中学校で給食費の滞納があり…」
➡ 滞納があった小中学校は、31921校の43.6％だとわかる。
31921×0.436≒32000×0.44＝14080

〔43.6％なので0.436を掛ければよい〕 〔概数で計算する〕

よって、最も近いのは**13907校**である。

2 正解 B

速解の手引き 文中のデータだけで判断できるかどうかを吟味する

A　本文中には、小学校と中学校の比較をした記述はない。
　➡正しいかわからない ◀「正しい」とはいえない

B　「滞納総額は22億2963万円」とあり、①より滞納のあった小中学校の数もわかるので、1校あたりの平均滞納額は〈総額÷学校数〉で求めることができる。
222963（万円）÷13907≒223000÷14000＝15.92…（万円）
したがって、約16万円である。
　➡**正しいといえる**

C　滞納の理由についての、滞納者からの言及はない。「各学校に滞納の主な原因を尋ねたところ、…『保護者の経済的な問題』をあげた学校は33.1％だった」という記述からわかるのは、3校に1校が「経済的な理由」をあげていることであり、滞納者の3人に1人が「経済的な理由」をあげているわけではない。
　➡正しいかわからない

D　「法的措置を実施したり、検討したりしたケースも281件」とあるが、281件には「検討した」ケースも含まれるので、すべてで法的措置を実施したとは限らない。また、281件は滞納世帯の数なので、小中学校の数は不明。➡正しいかわからない

E　「P中学校では、全生徒654人のうち滞納者が21人いた」ので、P中学の滞納者の割合を求めることはできる。しかし、全国の滞納者数のデータがないので、全国平均はわからない。
　➡正しいかわからない

18 推論の正誤

重要度 ★★☆☆☆

頻出問題

ある化学繊維に関して、P、Q、Rの3つの調査報告がなされた。
- P　その化学繊維は伸縮性がある
- Q　その化学繊維は伸縮性と通気性がある
- R　その化学繊維は伸縮性と通気性のうち、少なくとも一方の性質がある

以上の報告は、必ずしもすべてが信頼できるとはいえない。そこで種々の場合を想定して推論がなされた。

1 　解答時間 1 分

推論ア〜ウのうち、正しいものはどれか。A〜Hの中から1つ選びなさい。

- ア　Pが正しければQも必ず正しい
- イ　Qが正しければRも必ず正しい
- ウ　Rが正しければPも必ず正しい

- A　アだけ
- B　イだけ
- C　ウだけ
- D　アとイ
- E　アとウ
- F　イとウ
- G　アとイとウ
- H　正しい推論はない

スピード解法のポイント

詳しい・明確な事柄からあいまいな事柄への推論⇒正しい
あいまいな事柄から詳しい事柄への推論⇒誤り

たとえば、詳しい事柄Aと、あいまいな事柄Bがある場合
- ●Aが正しければBも正しい（A→B）という推論は正しい
- ●Bが正しければAも正しい（B→A）という推論は誤り

頻出問題の解答・解説

[1] 正解 **B**　　速解の手引き 詳しい情報から順に並べる

1st step 表を作って報告を整理し、情報の詳しさを吟味する。

	伸縮性	通気性
P	○	?
Q	○	○
R	少なくともどちらか一方は○	

＞ どちらかは不明だが、必ず1つは○になる

2nd step 情報の詳しい順に並べる。

Pは伸縮性についてしか報告していないが、Qは伸縮性に加えてさらに通気性についても報告しているので、Qの情報のほうがPよりも詳しい。

Rでは、伸縮性や通気性があるのかないのかがはっきりしない（＝あいまい）。それに対して、PやQでははっきりしている。はっきりした事柄からあいまいな事柄への推論は正しい。

➡ Q→P→Rという方向の推論が正しい。

> 「Qが正しければPもRも正しい」を示す。Q「伸縮性と通気性」があればP「伸縮性」もあり、また、R「伸縮性か通気性の少なくとも一方」がある。さらに、「Pが正しければRも正しい」も示す。P「伸縮性」があればR「伸縮性か通気性の少なくとも一方」もある。

3rd step 選択肢を吟味する。

選択肢も矢印で表すとわかりやすい。

　ア　Pが正しければQも必ず正しい ➡ P→Q
　イ　Qが正しければRも必ず正しい ➡ Q→R
　ウ　Rが正しければPも必ず正しい ➡ R→P

各選択肢とQ→P→Rが合致しているかを調べる。

　ア　P→Q　Q→P→Rと矢印の向きが逆なので、**誤り**
　イ　Q→R　Q→P→Rと矢印の向きが同じなので、**正しい**
　ウ　R→P　Q→P→Rと矢印の向きが逆なので、**誤り**

よって、正しいのはイのみ。

基本 練習問題

ある食品に関して、P、Q、Rの3つの分析報告がなされた。
　P　その食品には鉄分が含まれている
　Q　その食品には100gあたり亜鉛が5mg含まれている
　R　その食品には鉄分と亜鉛のうち、少なくとも一方は含まれている
以上の報告は、必ずしもすべてが信頼できるとはいえない。そこで、種々の場合を想定して推論がなされた。

1　解答時間 1分

推論ア〜ウのうち、正しいものはどれか。A〜Hの中から1つ選びなさい。

　ア　Pが正しければRも必ず正しい
　イ　Qが正しければPも必ず正しい
　ウ　Rが正しければQも必ず正しい

- A　アだけ
- B　イだけ
- C　ウだけ
- D　アとイ
- E　アとウ
- F　イとウ
- G　アとイとウ
- H　正しい推論はない

2　解答時間 1分

推論カ〜クのうち、正しいものはどれか。A〜Hの中から1つ選びなさい。

　カ　Pが正しければQも必ず正しい
　キ　Qが正しければRも必ず正しい
　ク　Rが正しければPも必ず正しい

- A　カだけ
- B　キだけ
- C　クだけ
- D　カとキ
- E　カとク
- F　キとク
- G　カとキとク
- H　正しい推論はない

練習問題の解答・解説

1 正解 A 　速解の手引き 詳しい情報から順に並べる

表を作って報告を整理すると、次のようになる。

	鉄分	亜鉛
P	○	
Q		5mg/100g
R	少なくともどちらか一方は○	

「100gあたり5mg」という詳しい情報は、ここでは無視してよい

Pは鉄分、Qは亜鉛という異なるものについての報告であり、PとQとは無関係。したがって、推論は成立しない。

PとQには共通性がないので、つなげることはできない

PとRは鉄分、QとRは亜鉛という共通するものを扱っているので、推論が成り立つ。PとRでは詳しい報告はP、QとRではQなので、「Pが正しければRも正しい」、「Qが正しければRも正しい」といえる。これを矢印で表すと、

　P→R…①
　Q→R…②

詳しいものからあいまいなものへの推論は正しい

各選択肢も矢印を使って表し、①、②と比較する。
　ア　P→R　　①に合致するので正しい
　イ　Q→P　　①にも②にも合致しないので誤り
　ウ　R→Q　　②と矢印の向きが逆なので誤り
よって、正しいのはアのみ。

2 正解 B 　速解の手引き 詳しい情報から順に並べる

1と同じ手順で解いていく

1より、P→R…①、Q→R…②が成り立つ。
各選択肢も矢印を使って表し、①、②と比較する。
　カ　P→Q　　①にも②にも合致しないので誤り
　キ　Q→R　　②に合致するので正しい
　ク　R→P　　①と矢印の向きが逆なので誤り
よって、正しいのはキのみ。

19 順序

重要度 ★★★★★

頻出問題（1）

W、X、Y、Zの4つの駅の利用者を比較したところ、次のことがわかった。

Ⅰ　W駅はY駅より利用者が多い
Ⅱ　4つの駅のうち利用者が最も少ないのはY駅ではない

1　解答時間 **1分30秒**

推論ア～ウのうち、必ずしも誤りとはいえないものはどれか。A～Hの中から1つ選びなさい。

ア　W駅の利用者が3番目に多い
イ　X駅の利用者が最も多い
ウ　Z駅の利用者が2番目に多い

A アだけ	**B** イだけ	**C** ウだけ
D アとイ	**E** アとウ	**F** イとウ
G アとイとウ	**H** 正しい推論はない	

スピード解法のポイント

①条件から確定できる順序を決定する
②樹形図を描く

● 樹形図の先頭を考える

頻出問題（1）の解答・解説

1 正解 **F**　速解の手引き　樹形図を描く

1st step 情報を整理して、1番目に来ないものを探す。

Ⅰ　W駅はY駅より利用者が多い ➡ Y＜W…ⓐ
したがって、W駅は「最も利用者が少ない」駅ではない…ⓑ
Ⅱ　4つの駅のうち利用者が最も少ないのはY駅ではない
したがって、Y駅も「最も利用者が少ない」駅ではない…ⓒ
ⓑⓒより、利用者が最も少ないのはW駅とY駅以外の、<u>X駅かZ駅</u>。

2nd step 少ない順に、ありうる順序の樹形図を描く。

1st step より、利用者が最も少ないのはXかZである。

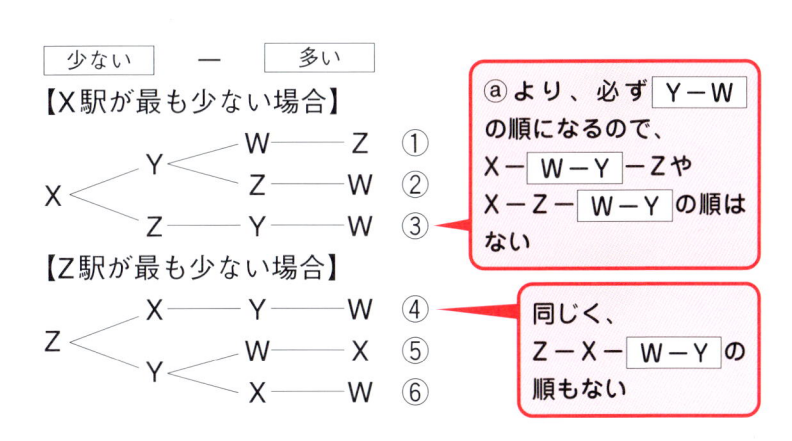

少ない ― 多い

【X駅が最も少ない場合】

```
        ┌ Y ┬ W ─ Z ①
X ──────┤   └ Z ─ W ②
        └ Z ─ Y ─ W ③
```

ⓐより、必ず Y－W の順になるので、
X－ W－Y －Z や
X－Z－ W－Y の順はない

【Z駅が最も少ない場合】

```
        ┌ X ─ Y ─ W ④
Z ──────┤   ┌ W ─ X ⑤
        └ Y ┴ X ─ W ⑥
```

同じく、
Z－X－ W－Y の順もない

3rd step 選択肢を吟味する。

ア　W駅の利用者が3番目に多い ➡ Wが図の右から3番目
　　➡ ①〜⑥のいずれにも該当しないので、**必ず誤り**
イ　X駅の利用者が最も多い ➡ Xが図の右から1番目
　　➡ ⑤に該当するので、**必ずしも誤りとはいえない**

「必ずしも誤りとはいえない」とは、「誤りの場合も正しい場合もある」「ありうる」ということ

ウ　Z駅の利用者が2番目に多い ➡ Zが図の右から2番目
　　➡ ②に該当するので、**必ずしも誤りとはいえない**

よって、必ずしも誤りとはいえないのはイ、ウである。

頻出問題（2）

（頻出問題（1）の続き）
W、X、Y、Zの4つの駅の利用者を比較したところ、次のことがわかった。

Ⅰ　W駅はY駅より利用者が多い
Ⅱ　4つの駅のうち利用者が最も少ないのはY駅ではない

2　解答時間 **1**分

最も少ない情報で4つの駅の利用者数の順位がすべてわかるためには、ⅠとⅡの情報の他に、次のカ〜クのうちどれが加わればよいか。A〜Hの中から1つ選びなさい。

カ　X駅はZ駅より利用者が少ない
キ　Z駅はY駅より利用者が多い
ク　Z駅はW駅より利用者が多い

A カだけ　　　　　**B** キだけ　　　　　**C** クだけ
D カとキ　　　　　**E** カとク　　　　　**F** キとク
G カとキとク　　　**H** カ〜クのすべてが加わってもわからない

ヒント

樹形図は、絞り込める条件のついているものを左におく。
　・「最も多いのは…」　⇒「多い」を左
　・「最も少ないのは…」⇒「少ない」を左
　・「最も若いのは…」　⇒「若い」を左
　・「最も年上なのは…」⇒「年上」を左

頻出問題（2）の解答・解説

2 正解 C　**速解の手引き** 樹形図から判断する

1の解説の樹形図の順序①〜⑥について、選択肢を吟味する。

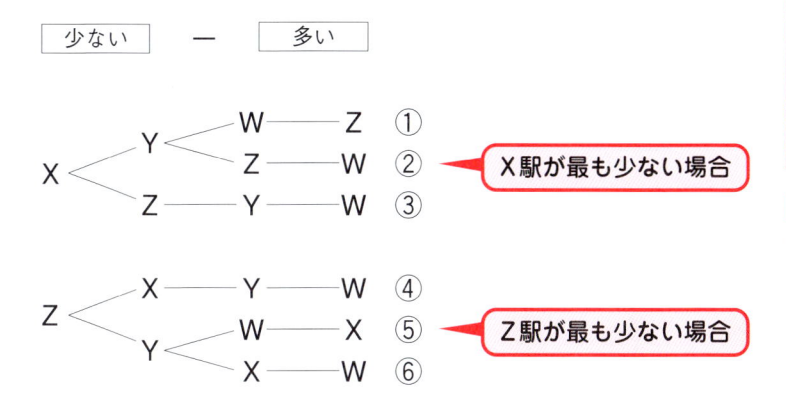

```
      少ない  ―  多い
```

```
       Y ― W ― Z  ①
X ―   Y ― Z ― W  ②   ← X駅が最も少ない場合
       Z ― Y ― W  ③

       X ― Y ― W  ④
Z ―   Y ― W ― X  ⑤   ← Z駅が最も少ない場合
       Y ― X ― W  ⑥
```

「多い」「少ない」の表現に注意して、樹形図の並び順（少ない順）に並べて書くこと

カ　X駅はZ駅より利用者が少ない ➡ X＜Z
　　少ない順に並べると、**X－Z**
　　➡ X－Zの順番になっているのは①②③の3通りあるので、カだけでは**決まらない**

キ　Z駅はY駅より利用者が多い ➡ Z＞Y
　　少ない順に並べると、**Y－Z**
　　➡ Y－Zの順番になっているのは①②の2通りあるので、キだけでは**決まらない**

ク　Z駅はW駅より利用者が多い ➡ Z＞W
　　少ない順に並べると、**W－Z**
　　➡ W－Zの順番になっているのは①のみなので、クだけで順位が**決定する**

よって、クの情報が加われば順位が1つに決定する。

基本 練習問題

P、Q、R、Sの4つの食品会社のサプリメントの売上高を調査したところ、次のことがわかった。

　Ⅰ　P社の売上高はS社の次に大きい
　Ⅱ　いちばん売上高が大きいのはQ社ではない

1 解答時間 1分30秒

推論ア〜ウのうち、必ずしも誤りといえないものはどれか。A〜Hの中から1つ選びなさい。

　ア　P社の売上高は3番目に大きい
　イ　R社の売上高は2番目に大きい
　ウ　S社の売上高は最も大きい

A　アだけ　　　　B　イだけ　　　　C　ウだけ
D　アとイ　　　　E　アとウ　　　　F　イとウ
G　アとイとウ　　H　正しい推論はない

2 解答時間 1分

最も少ない情報で4社の売上高の順位がすべてわかるためには、ⅠとⅡの情報の他に、次のカ〜クのうちどれが加わればよいか。A〜Hの中から1つ選びなさい。

　カ　P社の売上高はR社より小さい
　キ　Q社の売上高はR社より大きい
　ク　R社の売上高はS社より小さい

A　カだけ　　　　B　キだけ　　　　C　クだけ
D　カとキ　　　　E　カとク　　　　F　キとク
G　カとキとク　　H　カ〜クのすべてが加わってもわからない

練習問題の解答・解説

1 正解 E 　速解の手引き　樹形図を描く

Ⅰ　P社の売上高はS社の次に大きい
　➡ │S－P│ の順序が決定…ⓐ　←与えられた条件から確定
　➡ │S－P│ をまとめて1つとして、QとRの3つで順序を考える…ⓑ

Ⅱ　いちばん売上高が大きいのはQ社ではない
　➡ Qは1番目にはならない…ⓒ

✐ ⓐ～ⓒより樹形図を描く

ⓑⓒより、大きい順に1番目になりうるのはRと │S－P│ 。

大きいほうを左に

売上高が大きい　　　　　売上高が小さい

```
         ── Q ──── S－P     ①
R ──┤
         ── S－P ── Q       ②

         ── Q ──── R        ③
S－P ┤
         ── R ──── Q        ④
```

ⓐよりS－Pの順は決まりなので、│S－P│ をひとまとまりとして並べる

✐ ①～④について、選択肢を吟味する

ア　P社の売上高は3番目に大きい ➡ ②の場合に **ありうる**
イ　R社の売上高は2番目に大きい ➡ **ありえない**
ウ　S社の売上高は最も大きい ➡ ③④の場合に **ありうる**

よって、アとウは必ずしも誤りとはいえない。

2 正解 B 　速解の手引き　樹形図から判断する

カ　P社の売上高はR社より小さい ➡ 大きい順に並べると │R－P│
　➡ 1の樹形図の①②の場合があるので、1つの順番に **決まらない**。

キ　Q社の売上高はR社より大きい ➡ 大きい順に並べると │Q－R│
　➡ 1の樹形図の③の場合しかないので、1つの順番に **決まる**。

ク　R社の売上高はS社より小さい ➡ 大きい順に並べると │S－R│
　➡ 1の樹形図の③④の場合があるので、1つの順番に **決まらない**。

よって、キだけですべての順位がわかる。

応用 練習問題

P、Q、R、S、Tの5人が筆記試験を受け、5人それぞれの得点について、次のことがわかっている。

Ⅰ 5人の中に同点の者はいない
Ⅱ Rの得点はSよりも高い
Ⅲ Qの得点はPよりも高い
Ⅳ Tの得点は、RとSの得点の平均点に等しい
Ⅴ Tの得点はPよりも高い

1 解答時間 **1**分**30**秒

Ⅰ～Ⅴの情報から判断して、得点の高い順に5人を並べたとき、Tの順位として考えられるものをすべてあげているのはどれか。

A 1位だけ　　　　　　**B** 2位だけ
C 3位だけ　　　　　　**D** 4位だけ
E 1位か2位　　　　　 **F** 2位か3位
G 3位か4位　　　　　 **H** 1位か2位か3位
I 2位か3位か4位　　　**J** A～Ⅰのいずれでもない

2 解答時間 **1**分

最も少ない情報で5人の得点順位がすべてわかるためには、Ⅰ～Ⅴの情報の他に、次のア～ウのうちどれが加わればよいか。A～Hの中から1つ選びなさい。

ア Pの得点はSよりも低い
イ Qの得点はTよりも低い
ウ Sが最下位である

A アだけ　　　　　**B** イだけ　　　　　**C** ウだけ
D アとイ　　　　　**E** アとウ　　　　　**F** イとウ
G アとイとウ　　　**H** ア～ウのすべてが加わってもわからない

応用 練習問題の解答・解説

1 正解 F　速解の手引き　樹形図を描く

Ⅱ　Rの得点はSよりも高い ➡ **R＞S**…ⓐ
Ⅲ　Qの得点はPよりも高い ➡ **Q＞P**…ⓑ
Ⅳ　Tの得点は、RとSの得点の平均点に等しい
　➡ R＞T＞SまたはS＞T＞R ⇒ ⓐのR＞Sより、**R＞T＞S**…ⓒ
Ⅴ　Tの得点はPよりも高い ➡ **T＞P**…ⓓ

> TはRとSの平均ということは、同点の者がいない以上、Rの点とSの点の間にTの点が来る

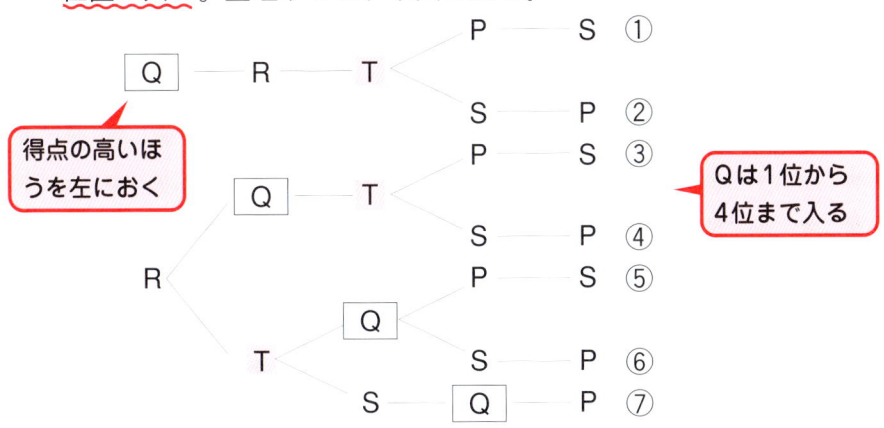

ⓐ〜ⓓより、得点の高い順に、考えられる順位の樹形図を描く。
Tに着目してⓒⓓを組み合わせると、R＞T＞S＞PかR＞T＞P＞S
これに、Pに着目してⓑを組み合わせるとQがPの前のいろいろな位置に入る。整理すると、下図の通り。

```
                              P    S    ①
          Q ─ R ─ T
                              S    P    ②
                              P    S    ③
               Q ─ T
                              S    P    ④
 R                            P    S    ⑤
                    Q
                              S    P    ⑥
               T
                    S ─ Q ─ P      ⑦
```

（得点の高いほうを左におく）
（Qは1位から4位まで入る）

よって、図より、Tの順位として考えられるのは**2位か3位**となる。

2 正解 F　速解の手引き　樹形図から判断する

1の樹形図を利用して、ア〜ウの情報を当てはめてみる。
ア　Pの得点はSよりも低い ➡ S＞P ➡ ②④⑥⑦の場合がある
イ　Qの得点はTよりも低い ➡ T＞Q ➡ ⑤⑥⑦の場合がある
ウ　Sが最下位である ➡ ①③⑤の場合がある

いずれも1つだけでは決まらないので、2つ組み合わせると、
アとイ ➡ ⑥⑦の場合があるので、1つに決まらない
アとウ ➡ ありえない
イとウ ➡ **⑤の場合だけなので、1つに決定**

よって、イとウが加われば順位を1つに決定することができる。

20 対応関係

重要度 ★★★☆☆

頻出問題

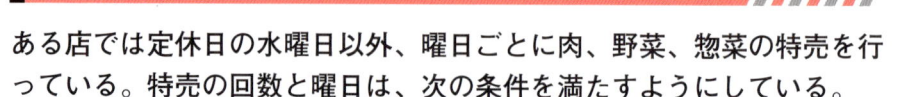

ある店では定休日の水曜日以外、曜日ごとに肉、野菜、惣菜の特売を行っている。特売の回数と曜日は、次の条件を満たすようにしている。

　　条件Ⅰ　肉の特売は週に1日行う
　　条件Ⅱ　野菜の特売は週に2日行う
　　条件Ⅲ　惣菜の特売は週に2日行う
　　条件Ⅳ　1日に複数の特売が重ならないようにする
　　条件Ⅴ　土曜日と日曜日には必ず特売を行う

[1] 解答時間 1分30秒

ある週は、木曜日が肉の特売日であり、金曜日と日曜日が野菜の特売日であった。このとき、次の推論ア、イの正誤を考え、A〜Iの中から正しいものを1つ選びなさい。

　　ア　火曜日は惣菜の特売日であった
　　イ　土曜日は惣菜の特売日であった

A　アもイも正しい　　B　アは正しいが、イはどちらともいえない
C　アは正しいが、イは誤り
D　アはどちらともいえないが、イは正しい
E　アもイもどちらともいえない
F　アはどちらともいえないが、イは誤り
G　アは誤りだが、イは正しい
H　アは誤りだが、イはどちらともいえない　　I　アもイも誤り

スピード解法のポイント

対応表を作成し、条件と情報を記入する

● 表がすべて埋まらない場合、正誤以外に「どちらともいえない」がある

頻出問題の解答・解説

1 正解 D

速解の手引き 表を作って条件と情報を記入する

1st step 表を作って情報を整理する。

①問題文から条件を記入し、わかっている特売日に○をつける。

	月	火	木	金	土	日	横の条件
肉			○				○1個
野菜				○		○	○2個
惣菜							○2個
縦の条件	○1個以下	○1個以下	○1個以下	○1個以下	○1個以下	○1個以下	

②次に、条件Ⅰ〜Ⅴから判断できることを記入する。

- 条件Ⅱから、金・日以外は×
- 条件Ⅰから、木曜以外は×

	月	火	木	金	土	日	横の条件
肉	×	×	○	×	×	×	○1個
野菜	×	×	×	○	×	○	○2個
惣菜	○／×	×／○	×	×	○	×	○2個
縦の条件	○1個以下	○1個以下	○1個以下	○1個以下	○1個あり	○1個あり	

- 条件Ⅲから、土曜の他、もう1日○。月曜が○なら火曜は×、またはその逆
- 条件Ⅳから、○は最大で1個。残りは×
- 条件Ⅴから、土曜には必ず何かの特売があり、肉と野菜は×なので惣菜が○

2nd step 表からア、イの推論の正誤を吟味する。

ア 火曜日は惣菜の特売日であった
　➡惣菜の火曜日の欄は「×／○」で、**正しいとも誤りともいえない**

イ 土曜日は惣菜の特売日であった
　➡惣菜の土曜日の欄は「○」で、**正しいと判断できる**

よって、アはどちらともいえないが、イは正しい。

基本 練習問題

あるカフェでは、P、Q、R、S、T、Uの6人のアルバイトがローテーションを組んで仕事をしている。ローテーションは各人の希望を聞いて決定するが、以下の条件を守らなければならない。

条件X　6人とも月曜日から土曜日までの週2日だけ出勤する
条件Y　どの曜日も2人が出勤する

また、各人の希望は以下の通りである。

Ⅰ　PとUは火曜日と金曜日に出勤したい
Ⅱ　Qは2日連続で出勤したい
Ⅲ　Rは木曜日に出勤したい
Ⅳ　Sは月曜日に出勤したい

[1] 解答時間 1分

X、Yの条件を守り、6人の希望通りのローテーションを組むとすると、Sは月曜日とどの曜日に出勤することになるか。

A　水曜日　　　　　　B　木曜日　　　　　　C　土曜日
D　水曜日か木曜日　　E　水曜日か土曜日
F　木曜日か土曜日　　G　水、木、土曜日のどれか
H　A～Gのいずれでもない

[2] 解答時間 1分

X、Yの条件を守り、6人の希望通りのローテーションを組むとすると、2日連続して出勤することができる人の組合せは次のうちどれか。

ア　QとR
イ　QとT
ウ　QとRとT

A　アだけ　　　　　　B　イだけ　　　　　　C　ウだけ
D　アとイ　　　　　　E　アとウ　　　　　　F　イとウ
G　アとイとウ　　　　H　A～Gのいずれでもない

練習問題の解答・解説

1 正解 E

速解の手引き 表を作って条件と情報を記入する

①表を作り、希望Ⅰ、Ⅲ、Ⅳを記入する。
②条件から埋められる欄を探す。

> 希望Ⅱは他の状況次第なので、後で検証する

> 条件Xより、出勤日が2日決まれば、その曜日以外は×になる

> 条件Yより、ある曜日に2人決定したら、その他の人は×になる

	月	火	水	木	金	土	条件
P	×	○	×	×	○	×	○が2個ある 残りは×
Q		×			×		
R		×		○	×		
S	○	×			×		
T		×			×		
U	×	○	×	×	○	×	
条件		○が2個ある 残りは×					

③希望Ⅱを考える。2日連続して○を記入できるのは、水・木だけ。

	月	火	水	木	金	土	条件
P	×	○	×	×	○	×	○が2個ある 残りは×
Q		×	○	○	×		
R		×		○	×		
S	○	×		×	×		
T		×		×	×		
U	×	○	×	×	○	×	
条件		○が2個ある 残りは×					

④条件Yから、木曜日の欄を埋める。
よって、Sが出勤可能なのは**水曜日か土曜日**とわかる。

2 正解 A

速解の手引き 表から選択肢を吟味する

1の表より、2日連続して○を入れられる欄を探すと、Q以外は**R（水曜日、木曜日）のみ**。
よって、2日連続して出勤できるのはQとR。

21 内訳

重要度 ★★★☆☆

頻出問題

L、M、N、O、P、Q、Rの7つの会社について、次のことがわかっている。

Ⅰ　P社は千葉にあり、他の6社は埼玉か千葉にある
Ⅱ　L、M、Nの3社とO社は、所在地の県が異なる

[1] 解答時間 1分30秒

推論ア〜ウのうち、必ず正しいといえるものはどれか。A〜Hの中から1つ選びなさい。

　ア　O社が千葉にあるならば、埼玉の会社のほうが千葉の会社より多い
　イ　O社が埼玉にあるならば、埼玉にある会社は3社以下である
　ウ　M社とR社が同じ県にあるとすれば、千葉と埼玉にある会社の数の差は4社以上にはならない

A　アだけ　　　　B　イだけ　　　　C　ウだけ
D　アとイ　　　　E　アとウ　　　　F　イとウ
G　アとイとウ　　H　A〜Gのいずれでもない

スピード解法のポイント

表を作成し、情報を整理する

- 2通り考えられる場合は、表を2つ作る
- 多くの場合が考えられるときは、具体例を1つ記入する

頻出問題の解答・解説

1 正解 B

速解の手引き 表を作って情報を整理する

1st step 情報Ⅱから、2つの表を作る。

①情報Ⅱから、O社が千葉にある場合の表を作る。

	L	M	N	O	P	Q	R
千葉				○	○		
埼玉	○	○	○				

- 情報Ⅱから、O社が千葉ならL、M、N社は埼玉
- 情報Ⅰから、P社は千葉にあることは決定

②情報Ⅱから、O社が埼玉にある場合の表を作る。

	L	M	N	O	P	Q	R
千葉	○	○	○		○		
埼玉				○			

2nd step 表から、推論ア～ウの正誤を吟味する。

ア　O社が千葉にあるならば→①の表
　　→Q社、R社ともに千葉にあるとすると、千葉4社、埼玉3社となり、埼玉のほうが少なくなる→**誤り**

イ　O社が埼玉にあるならば→②の表
　　→Q社、R社ともに埼玉にあるとすると、埼玉にある会社は3社になる→**正しい**

（②では4社が千葉にあるので、埼玉にある会社は最大でも3社）

ウ　M社とR社が同じ県にあるとすれば

①の場合→Q社が千葉ならば、千葉3社、埼玉4社で、差は1…ⓐ　Q社が埼玉ならば、千葉2社、埼玉5社で、差は3…ⓑ

（MとRは同じ県にあるので、Rは埼玉に決定）

②の場合→Q社が千葉ならば、千葉6社、埼玉1社で、差は5…ⓒ　Q社が埼玉ならば、千葉5社、埼玉2社で、差は3…ⓓ

（MとRは同じ県にあるので、Rは千葉に決定）

　　→ⓒの場合、会社の数の差が4社以上となるので、必ず正しいとはいえない→**誤り**

よって、必ず正しいといえるのはイだけである。

基本 練習問題

1組のトランプから、4と5のカードだけをすべて取り出した。これら8枚のカードをよくきってから、4枚ずつをPとQの2つの山に分けた。

1 解答時間 1分30秒

推論ア～ウについて、必ず正しいといえるものはどれか。A～Hの中から1つ選びなさい。

- ア 1つの山に2種類のマークのカードだけが入っているときは、1つの山の4枚のカードの数字の合計は18である
- イ 1つの山で4枚のカードの数字の合計が16のときは、スペードのカードが1枚は入っている
- ウ 1つの山で4枚のカードの数字の合計が17のときは、同じ種類のマークのカードが2枚入っている

A アだけ　　**B** イだけ　　**C** ウだけ
D アとイ　　**E** アとウ　　**F** イとウ
G アとイとウ　　**H** A～Gのいずれでもない

2 解答時間 1分

推論カ～クについて、必ず正しいといえるものはどれか。A～Hの中から1つ選びなさい。

- カ Pに3種類のマークが入っているときは、Qにも3種類のマークが入っている
- キ Qに4のカードが2枚入っているときは、Qのカードは2種類のマークである
- ク Pに4種類のマークが入っているときは、PとQのカードを1枚入れ替えても、Pは4種類のマークのままである

A カだけ　　**B** キだけ　　**C** クだけ　　**D** カとキ
E カとク　　**F** キとク　　**G** カとキとク
H カ～クのいずれも必ず正しいとはいえない

基本 練習問題の解答・解説

1 正解 D　速解の手引き　表を作って例を1つ入れてみる

ア　右の表のように、たとえばPに◆と♥の2種類だけが入っている場合、Qには必ず♣と♠の2種類だけが入る。それぞれが4と5が1枚ずつあることになるので、合計すると18になる。→**正しい**

	◆	♥	♣	♠
4	P	P	Q	Q
5	P	P	Q	Q

イ　4枚のカードの合計が16→ ☐ + ☐ + ☐ + ☐ = 16
☐に入るのは4か5だけなので、
数字の組合せは 4 + 4 + 4 + 4 = 16 しかない。
→<u>すべてのマークの4を使わないと16にならないので、必ずスペードも入る。</u>→**正しい**

ウ　4枚のカードの合計が17→ ☐ + ☐ + ☐ + ☐ = 17
☐に入るのは4か5だけなので、
数字の組合せは 4 + 4 + 4 + 5 = 17 しかない。
→たとえば、◆4 + ♥4 + ♣4 + ♠5 = 17 の組合せも可能なので、<u>同じマークのカードを2枚使わなくてもできる。</u>→**誤り**

よって、必ず正しいといえるのはアとイである。

2 正解 A　速解の手引き　表を作って例を1つ入れてみる

カ　表1のように、Pは3種類のマークだとすると、どれか1種類は必ず2枚になる。また、残りの1種類は必ず2枚ともQになるので、Qも必ず3種類になる。→**正しい**

表1
	◆	♥	♣	♠
4	P	P	P	Q
5	P	Q	Q	Q

キ　表2のように、Qに4は◆と♥だけだとしても、5が♣と♠の場合もある。
→**誤り**

表2
	◆	♥	♣	♠
4	Q	Q	P	P
5	P	P	Q	Q

ク　表3のように、Pの◆4とQの♥5を**入れ替える**と、Pは<u>3種類のマークになる</u>。→**誤り**

表3
	◆	♥	♣	♠
4	P	P	P	P
5	Q	Q	Q	Q

よって、必ず正しいといえるのはカだけ。

22 地　　図

重要度 ★★★★☆

頻出問題

ある人の自宅を中心にした円周上に、学校と病院とコンビニと図書館がある。学校は自宅から見て南東の方角に、病院は学校から見て北の方角に、コンビニは病院から見て南西の方角に、図書館はコンビニから見て北の方角にある。

[1] 解答時間 **1**分

図書館は自宅から見てどの方角にあるか。

- A　東
- B　西
- C　南
- D　北
- E　南東
- F　南西
- G　北東
- H　北西

[2] 解答時間 **1**分

学校はコンビニから見てどの方角にあるか。

- A　東
- B　西
- C　南
- D　北
- E　南東
- F　南西
- G　北東
- H　北西

スピード解法のポイント

東西南北 ⇒ 基点はどこか
前後左右 ⇒ 正面はどこか
縮　尺　 ⇒ 単位をそろえる

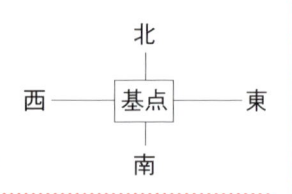

```
        北
        │
西 ── 基点 ── 東
        │
        南
```

- 上に北をとり、時計回りに東、南、西をとる
- 距離がある場合は大体の比率で描くこと

頻出問題の解答・解説

1st step 情報をもとに、すべての建物の位置を図にする。

✏️ 自宅を中心に円を描き、縦に南北、横に東西をとる

以下、問題文中の情報を図に加えていく。

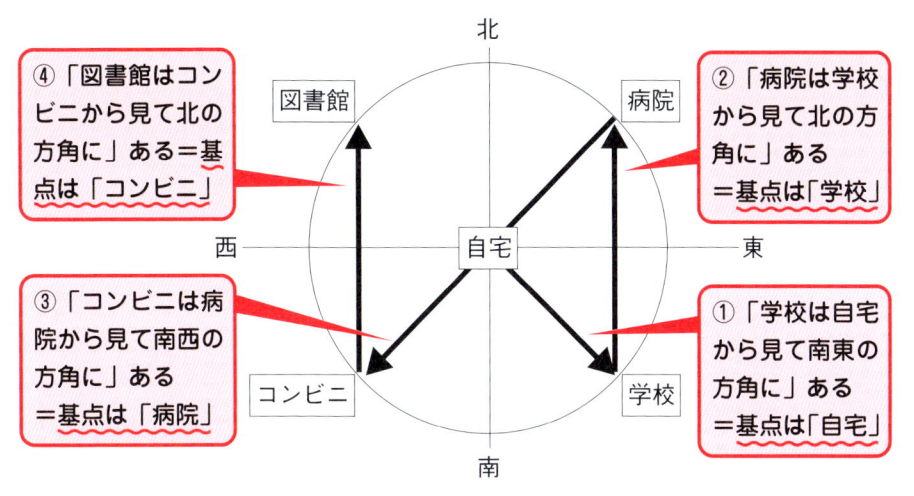

④「図書館はコンビニから見て北の方角に」ある＝基点は「コンビニ」

②「病院は学校から見て北の方角に」ある＝基点は「学校」

③「コンビニは病院から見て南西の方角に」ある＝基点は「病院」

①「学校は自宅から見て南東の方角に」ある＝基点は「自宅」

2nd step 各設問に解答する。

[1] **正解 H** 　速解の手引き　基点がどこかに注意する

図書館は自宅から見て 北西 の方角にある＝基点は「自宅」

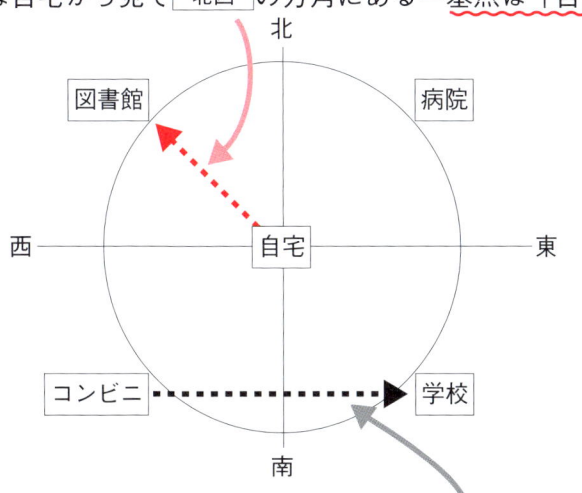

[2] **正解 A** 　速解の手引き　基点がどこかに注意する

学校はコンビニから見て 東 の方角にある＝基点は「コンビニ」

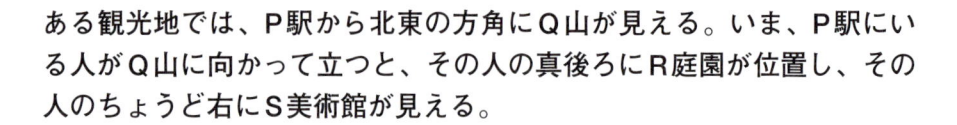

基本 練習問題

ある観光地では、P駅から北東の方角にQ山が見える。いま、P駅にいる人がQ山に向かって立つと、その人の真後ろにR庭園が位置し、その人のちょうど右にS美術館が見える。

1 解答時間 1分

R庭園はP駅から見てどの方角にあるか。

- A 東
- B 西
- C 南
- D 北
- E 南東
- F 南西
- G 北東
- H 北西

2 解答時間 1分

S美術館はP駅から見てどの方角にあるか。

- A 東
- B 西
- C 南
- D 北
- E 南東
- F 南西
- G 北東
- H 北西

ヒント

与えられた情報をもとにして、正確に図を描く

| 基本 | 練習問題の解答・解説 |

1st step　情報をもとにして、位置を図にする。
✎ **前後左右は正面を基準にする**
P駅を中心に、縦に南北、横に東西をとる。
以下、問題文中の情報を図に加えていく。

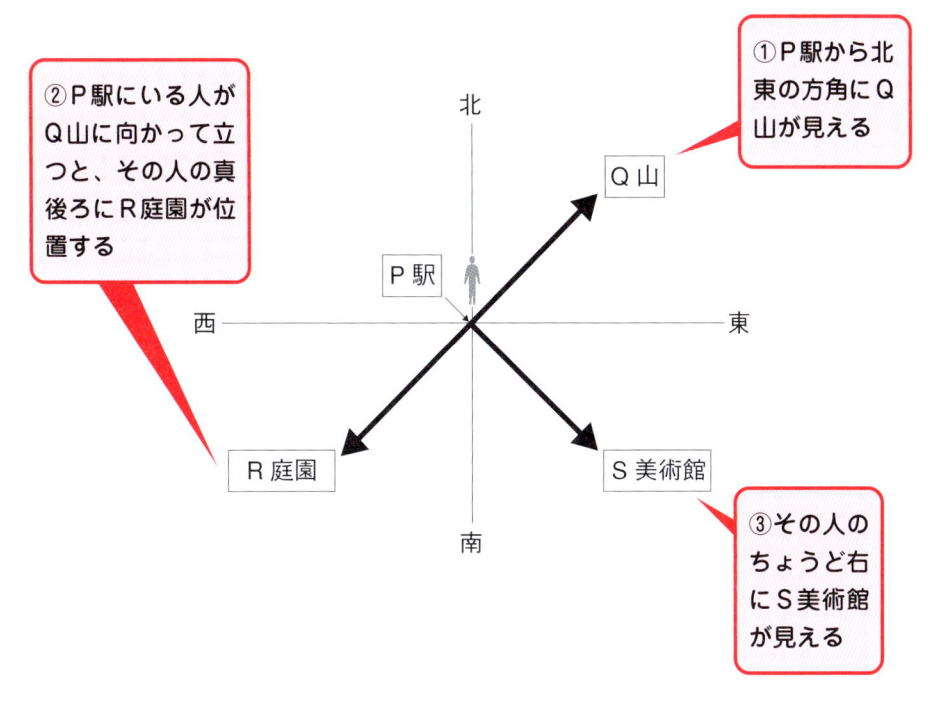

図中の情報：
- ①P駅から北東の方角にQ山が見える
- ②P駅にいる人がQ山に向かって立つと、その人の真後ろにR庭園が位置する
- ③その人のちょうど右にS美術館が見える

配置：北にQ山（北東）、P駅（中心）、R庭園（南西）、S美術館（南東）

2nd step　各設問に解答する。

1 正解 **F** 　速解の手引き　**基点がどこかに注意する**
R庭園はP駅から見て　南西　の方角にあたる＝基点はP駅

2 正解 **E** 　速解の手引き　**基点がどこかに注意する**
S美術館はP駅から見て　南東　の方角にあたる＝基点はP駅

応用 練習問題

基本練習問題（160ページ）と同じ観光地について、以下の情報が加わった。
P駅の前には、南北方向にまっすぐ道路が走っている。この道路をP駅から北に300m進むと交差点があり、この道路と国道が直角に交わっている。ここで左に曲がって、再び300m直進したところにT旅館がある。また、P駅からT旅館までの直線距離と、P駅からR庭園までの直線距離は等しい。

1 解答時間 1分

R庭園はT旅館から見てどの方角にあるか。

- A 東
- B 西
- C 南
- D 北
- E 南東
- F 南西
- G 北東
- H 北西

2 解答時間 1分

S美術館はT旅館から見てどの方角にあるか。

- A 東
- B 西
- C 南
- D 北
- E 南東
- F 南西
- G 北東
- H 北西

3 解答時間 1分

この地の観光案内の地図があり、地図の縮尺は $\frac{1}{5000}$ である。地図上で、縦2cm、横3cmの長方形の区域は、実際には何m²か。

- A 300m²
- B 1500m²
- C 3000m²
- D 15000m²
- E 18000m²
- F 30000m²
- G 150000m²
- H A〜Gのいずれでもない

応用 練習問題の解答・解説

✎ 基本練習問題で作成した地図に情報を加える

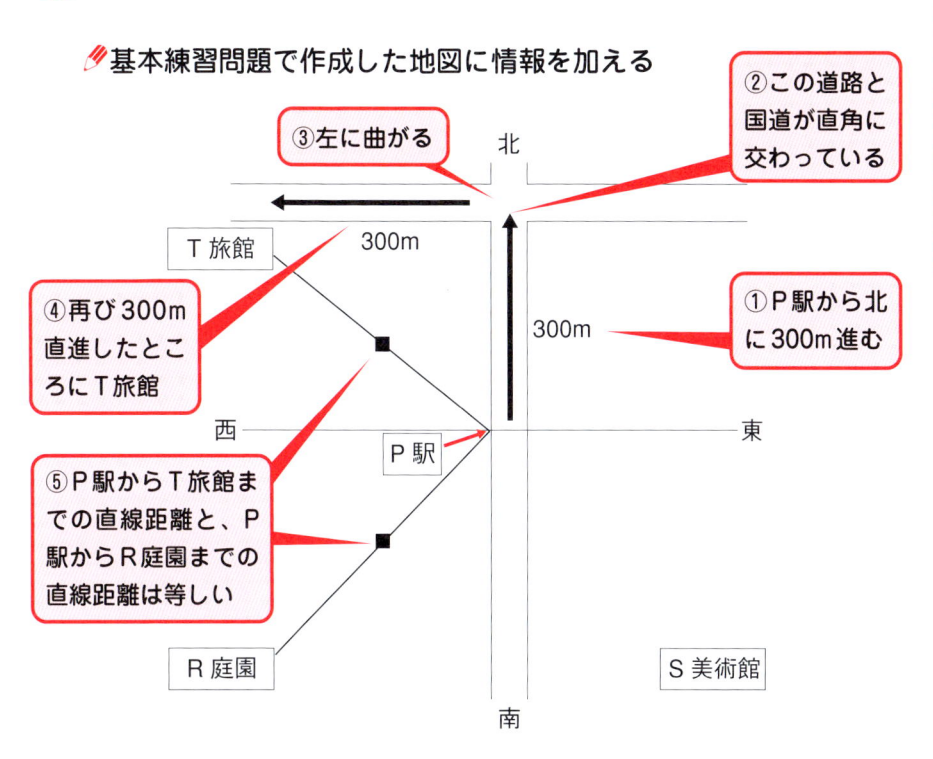

- ③左に曲がる
- ②この道路と国道が直角に交わっている
- ①P駅から北に300m進む
- ④再び300m直進したところにT旅館
- ⑤P駅からT旅館までの直線距離と、P駅からR庭園までの直線距離は等しい

[1] 正解 **C**　速解の手引き　基点がどこかに注意する

基点はT旅館になる。
R庭園はT旅館から見て 南 の方角にある。

[2] 正解 **E**　速解の手引き　基点がどこかに注意する

基点はT旅館である。
S美術館はT旅館から見て 南東 の方角にある。

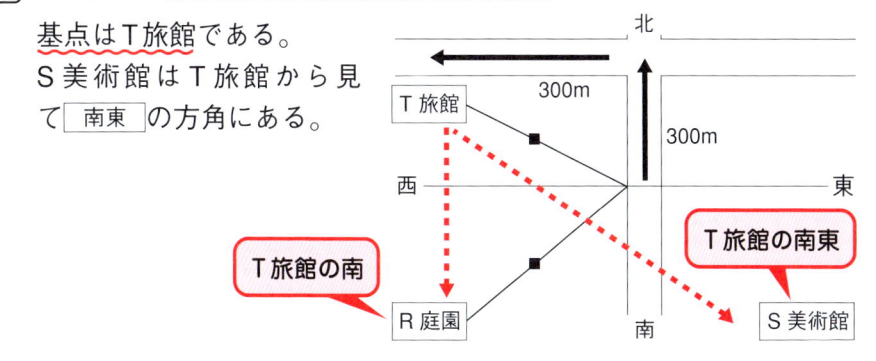

- T旅館の南
- T旅館の南東

3 | 正解 D　　速解の手引き　実寸に直す⇒面積を求める

1st step 縦・横の長さを実寸に直す。

縮尺は $\frac{1}{5000}$ なので、5000 を掛ければ実寸が求められる。

縦：2cm×5000＝10000cm＝100m
横：3cm×5000＝15000cm＝150m

＞単位をmに直す

2nd step 面積を求める。

長方形の面積は、縦×横で求められるので、
100m×150m＝15000m^2
よって、実際の面積は 15000m^2 となる。

> この問題とは逆に、実際の距離や面積から、地図上の長さや面積を求める問題も出題される。その場合は、縮尺（ここでは $\frac{1}{5000}$）を掛ければよい。

ヒント

cmとmなど単位の違いに気をつけ、単位をそろえる。
その際、ケタ数にも注意する
100cm＝1m　　10000cm^2＝1m^2

3章

言語能力 問題

言語の出題傾向
1. 反対語
2. 2語関係①（5択）
   2語関係②（6択）
3. 語句の意味
4. 語句の用法
5. 文節整序
6. 文章整序
7. 長文読解①（空欄補充－接続語）
   （空欄補充－語句）
8. 長文読解②（語句・内容説明）
   （指示語）
9. 長文読解③（内容一致）
10. 長文読解④（総合）

言語の出題傾向

問題の構成

言語能力検査（検査Ⅰ）の問題は、どのタイプも語句の問題と文章問題から構成されています。配分については、16ページ「ペーパーテスティングの出題範囲」と、18ページ「テストセンターの出題範囲」を参照してください。

出題分野と検査別の重要度

ここでは、本書で扱う7分野ごとの傾向と、SPI-G、SPI-U、JMATでの重要度を解説します。ここでの重要度とは、過去の情報をもとにして、出題頻度と組問題の問題数などを根拠としたもので、効率的に勉強するための目安です。

■重要度の見方

　★★★★★……頻出問題で、問題数も多い。
　★★★☆☆……頻出問題だが、問題数は少ない。
　　　　　　　または、頻度は少ないが、出題されると問題数が多い。
　★☆☆☆☆……その形式では出題されないと思われるが、他の問題を解くのに役立つ。

種類	SPI-G	SPI-U	JMAT	パソコンテスト
反対語 重要度	★★★★★	★★★☆☆	★★★★★	★★★☆☆

反対語はJMAT、SPI-Gで頻出です。SPI-Uでは、「2語関係」の中で出題されます。反対語を正確に覚えておけば、問題を解く時間が短縮でき、そのぶんその他の問題に時間をかけることができるので、しっかり学んでおきましょう。

種類	SPI-G	SPI-U	JMAT	パソコンテスト
2語関係 重要度	★★★★★	★★★★★	★★★★★	★★★★★

どのタイプの検査でも出題されます。包含、用途、役割、原料、製品、同列、一対などの関係を正しくつかめれば、簡単な問題です。ここは手堅く全問正解を目指しましょう。

種類	SPI-G	SPI-U	JMAT	パソコンテスト
語句の意味 重要度	★☆☆☆☆	★★★★★	★☆☆☆☆	★★★★★

SPI-Uでは頻出です。難解な語句というよりも、比較的よく使われているが、正

確な意味が理解されていない語句が出題されています。語彙の少ない人は、しっかり取り組んでおきましょう。

語句の用法	種類	SPI-G	SPI-U	JMAT	パソコンテスト
	重要度	★☆☆☆☆	★★★★★	★☆☆☆☆	★★★★★

　SPI-Uでは頻出です。同音異義語、多義語、文法などです。表記が同じでも意味や使い方が異なる語句の問題で、同じ使われ方のものを選びます。文法は正確な文法知識がなくても解けますが、同音異義語や多義語は意外と難しい問題が出ています。

文節整序	種類	SPI-G	SPI-U	JMAT	パソコンテスト
	重要度	★☆☆☆☆	★★★☆☆	★☆☆☆☆	★★★☆☆

　従来のWEBテスティングで出題されていた形式で、最近はSPI-Uでも出題されている版があります。1つの文がいくつかの文節に分けられていて、それを正しい順序に並べ替える問題です。短時間で解くには、いくつかのポイントを押さえておく必要があります。

文章整序	種類	SPI-G	SPI-U	JMAT	パソコンテスト
	重要度	★☆☆☆☆	★☆☆☆☆	★☆☆☆☆	★★★★★

　パソコンを使ったテストで出題されていますが、ペーパーテスティングでは出題されていないようです。この問題を短時間で解くにはテクニックが必要なので、本書でしっかりマスターしておきましょう。

長文読解	種類	SPI-G	SPI-U	JMAT	パソコンテスト
	重要度	★★★★★	★★★★★	★★★★★	★★★☆☆

　ペーパーテスティングでは必ず出題されます。問題文は幅広い分野から出題され、歴史、芸術、思想など、ふだん読まないような文章もしばしば出題されます。しかし、問題自体はさほど難しくはなく、知らないとできない語句問題に比べると、文脈から判断できるだけ解きやすいでしょう。ただし、これも短時間で解くとなると話は別です。時間配分に留意しておかないと時間内に全問解答できなくなります。まずは「正確に」、次に「速く」を目指しましょう。

1 反対語

重要度 ★★★★★

頻出問題

最初に示された語と最もはっきりした反対関係にある語はどれか。

[1] 解答時間 20 秒

[軽薄]

- A 重複
- B 鈍重
- C 重厚
- D 軽重
- E 慎重

[2] 解答時間 20 秒

[放任]

- A 遵守
- B 拘束
- C 保護
- D 服従
- E 統制

スピード解法のポイント

3つの解法で解く！

- 1文字ずつ反対の意味をもつ文字を探す
- 選択肢のほうから反対語を考える
- 例文に当てはめる

頻出問題の解答・解説

1 正解 C   速解の手引き 「軽」と「薄」の反対の意味を表す漢字を探す

「軽薄」は「軽々しく浅はかなこと」という意味。
「軽」の反対は「重」、「薄」の反対は「厚」なので、
「軽薄」の反対語はCの「重厚」。

■2文字とも反対語のタイプ

		それぞれが反対語 / 反対
拡大⇔縮小	寒冷⇔温暖	強硬⇔軟弱
増進⇔減退	添加⇔削除	販売⇔購買
分割⇔統合	優勝⇔劣敗	雄飛⇔雌伏

■1文字のみが反対語のタイプ

甘口⇔辛口	陰性⇔陽性	鋭角⇔鈍角
快勝⇔辛勝	過度⇔適度	急性⇔慢性
慶事⇔弔事	顕在⇔潜在	精算⇔概算
贈賄⇔収賄	必然⇔偶然	未決⇔既決

1字だけが反対

2 正解 E   速解の手引き 選択肢の反対語を考える

1文字または2文字が反対語で成り立つ熟語がない場合は、選択肢から反対語を考えてみると消去法で正解を導くことができる。

- A 遵守……「従い守ること」⇔違反　　　×
- B 拘束……「行動の自由を制限すること」⇔解放　　　×
- C 保護……「かばって守ること」⇔迫害　　　×
- D 服従……「他者の命令に従うこと」⇔反抗　　　×
- E 統制……「制限や指導をすること」⇔放任　　　〇

2のように、選択肢から反対語を考えて解く問題は、知識として反対語を身につけておく必要がある。1の2つの表を参考にして、覚えておこう！

練習問題（1）

最初に示された語と最もはっきりした反対関係にある語はどれか。

1 解答時間 20 秒

[逆境]

- A　環境
- B　進境
- C　順境
- D　境地
- E　境遇

2 解答時間 20 秒

[低俗]

- A　高尚
- B　高貴
- C　上等
- D　高慢
- E　神聖

3 解答時間 20 秒

[複雑]

- A　純粋
- B　簡潔
- C　安易
- D　平易
- E　単純

4 解答時間 20 秒

[短縮]

- A　超過
- B　拡大
- C　延長
- D　膨張
- E　拡張

基本 練習問題（1）の解答・解説

1 正解 C　速解の手引き 「逆」の反対の意味を表す漢字を探す

「逆境」……「苦労の多い境遇」のこと。
「逆」の反対は「順」なので、逆境の反対語は「順境」。
なお、Bの「進境」とは、「進歩の結果到達した境地」のこと。

2 正解 A　速解の手引き 「低」の反対の意味を表す漢字を探す

「低俗」……「下品で俗っぽいこと」。
「低」の反対は「高」なので、「高」のつくA、B、Dに絞ることができる。「程度が高く上品なこと」という意味のAの「高尚」が最も適切。ちなみに、Bの「高貴」の反対語は「下賎」、Dの「高慢」の反対語は「謙虚」。

3 正解 E　速解の手引き 「複」と「雑」の反対の意味を表す漢字を探す

> 2つ以上のものが重なること　　1つであること

「複」の反対は「単」、「雑」の反対は「純」なので、「複雑」の反対語は「単純」。

> 種々のものが混じること　　混じりけがないこと

4 正解 C　速解の手引き 「短」と「縮」の反対の意味を表す漢字を探す

「短」の反対は「長」、「縮（ちぢまる）」の反対は「延（のびる）」なので、「短縮」の反対語は「延長」。このように、文字の順番が逆になる場合もある。

暗愚⇔賢明	加重⇔軽減
強硬⇔軟弱	軽率⇔慎重
親密⇔疎遠	など

3章　言語能力問題　1 反対語

基本 練習問題（2）

最初に示された語と最もはっきりした反対関係にある語はどれか。

5　解答時間 20 秒
[露骨]

- A　曖昧
- B　疎遠
- C　間接
- D　婉曲
- E　穏健

6　解答時間 20 秒
[甚大]

- A　軽率
- B　軽微
- C　軽快
- D　過小
- E　希少

7　解答時間 20 秒
[過失]

- A　注意
- B　散失
- C　意図
- D　故意
- E　正常

8　解答時間 20 秒
[おもむろに]

- A　さわやかに
- B　いたずらに
- C　こころよく
- D　かろやかに
- E　すみやかに

基本 練習問題（2）の解答・解説

5 正解 D　速解の手引き　選択肢の反対語を考える

「露骨」は「隠さずに表に出すこと、あからさまに表現すること」。それぞれの選択肢の意味と反対語は、以下の通り。

A　曖昧……「はっきりしないこと」⇔ **明確**
B　疎遠……「交際が途絶えること」⇔ **親密**
C　間接……「間に何かを介すること」⇔ **直接**
D　婉曲……「遠まわしに表現すること」⇔ **露骨**
E　穏健……「穏やかでしっかりしていること」⇔ **過激**

「婉曲」が正解となる

6 正解 B　速解の手引き　例文に当てはめる

「甚大」……「程度がきわめて大きいこと」。「甚大な被害」という例文を作り、選択肢を当てはめる。

「甚大」の反対語で意味が通じる

A「軽率な被害」、B「軽微な被害」、C「軽快な被害」、D「過小な被害」、E「希少な被害」となり、この中で、意味が反対で文意が通じるのは「**軽微な被害**」である。

なお、選択肢の意味と反対語は次の通り。
A　軽率……「軽はずみなこと」⇔慎重
B　軽微……「程度がわずかであること」⇔甚大
C　軽快……「軽やかで快いこと」⇔鈍重
D　過小……「小さすぎること」⇔過大
E　希少……「まれで少ないこと」⇔過多

7 正解 D   速解の手引き 例文に当てはめる

「過失」……「わざとではないが不注意なこと」。「過失により人を死なせる」という例文を作り、選択肢を当てはめてみる。
A「注意により人を死なせる」、B「散失により人を死なせる」、C「意図により人を死なせる」、D「故意により人を死なせる」、E「正常により人を死なせる」となり、この中で反対の意味になり文意が通じるのはDの「故意により人を死なせる」のみ。

> なお、選択肢の意味または反対語は次の通り。
> A　注意⇔不注意
> B　散失……「散り散りになって失せること」
> C　意図……「考えていること、目的」
> D　故意……「わざと」
> E　正常⇔異常

8 正解 E   速解の手引き 例文に当てはめる

ひらがなで書かれている場合は、漢字に直すと反対語がわかりやすい。「おもむろに」は、漢字で表すと「徐に」となり、「ゆるやかに」の意味。
「おもむろに仕事に取りかかる」という例文を選択肢に当てはめてみる。
A「さわやかに仕事に取りかかる」、B「いたずらに仕事に取りかかる」、C「こころよく仕事に取りかかる」、D「かろやかに仕事に取りかかる」、E「すみやかに仕事に取りかかる」となり、この中で反対の意味になって文意が通じるのは、Eの「すみやかに仕事に取りかかる」のみ。
なお、それぞれの選択肢の漢字表記と意味は以下の通り。

A　爽やかに…「すがすがしく快いさま」
B　徒に………「むだに、意味もなく」
C　快く………「気持ちよく」
D　軽やかに…「いかにも軽そうなさま、軽快に」
E　速やかに…「すぐに、即座に」

反対語一覧

赤字	⇔	黒字	原告	⇔	被告	相違	⇔	類似／共通
悪筆	⇔	達筆	顕在	⇔	潜在	増進	⇔	減退
安全	⇔	危険	現実	⇔	理想	創造	⇔	模倣
委細／詳細	⇔	概略／概要	建設	⇔	破壊	贈賄	⇔	収賄
異常	⇔	正常	喧騒	⇔	静寂	促進	⇔	抑制
違反	⇔	遵守	倹約	⇔	浪費	存続	⇔	廃止／滅亡
陰性	⇔	陽性	権利	⇔	義務	大胆	⇔	小心／繊細
鋭角	⇔	鈍角	攻撃	⇔	防御	多勢	⇔	無勢
演繹	⇔	帰納	肯定	⇔	否定	秩序	⇔	混乱／混沌
延長	⇔	短縮	巧妙	⇔	拙劣	抽象	⇔	具体／具象
温和	⇔	粗暴	興隆	⇔	滅亡	中枢	⇔	末梢／末端
開始	⇔	終了／終結	根幹	⇔	枝葉	低俗	⇔	高尚／高雅
解放	⇔	拘束／束縛	債権	⇔	債務	丁寧	⇔	乱暴
拡大	⇔	縮小	散文	⇔	韻文	敵対	⇔	友好
過激	⇔	穏健	自然	⇔	人工	内容	⇔	形式
過失	⇔	故意	質疑	⇔	応答	能弁	⇔	訥弁
加重	⇔	軽減	実在	⇔	架空	迫害	⇔	保護
過度	⇔	適度	質素	⇔	奢侈／華美	反抗	⇔	服従
加熱	⇔	冷却	地味	⇔	派手	繁忙	⇔	閑散
歓喜	⇔	悲哀	自由	⇔	束縛	必然	⇔	偶然
簡潔	⇔	冗漫／冗長	就寝	⇔	起床	貧賤	⇔	富貴
感情	⇔	理性	収入	⇔	支出	複雑	⇔	単純／簡単
乾燥	⇔	湿潤	需要	⇔	供給	部分	⇔	全体
寛大／寛容	⇔	狭量／偏狭	賞賛	⇔	非難	分割	⇔	統合／統一
貫徹	⇔	挫折	承諾	⇔	拒絶／拒否	分析	⇔	総合
寒冷	⇔	温暖	自立	⇔	依存	平易	⇔	難解
急性	⇔	慢性	真実	⇔	虚偽	返信	⇔	往信
強硬	⇔	軟弱／柔軟	親密	⇔	疎遠	未決	⇔	既決
緊張	⇔	弛緩	衰退	⇔	振興／発展	明瞭	⇔	曖昧
勤勉	⇔	怠惰／怠慢	生産	⇔	消費	優雅	⇔	粗野
空虚	⇔	充実	脆弱	⇔	強靭	優勝	⇔	劣敗
慶事	⇔	弔事	精神	⇔	肉体／身体	雄飛	⇔	雌伏
軽率	⇔	慎重	整然	⇔	雑然	容易	⇔	困難
軽薄	⇔	重厚	精密	⇔	粗雑	利益	⇔	損失
軽微	⇔	甚大	絶対	⇔	相対	理論	⇔	実践
決裂	⇔	妥協／妥結	漸進	⇔	急進	冷遇	⇔	優遇／厚遇
原因	⇔	結果	前進	⇔	後退	冷静	⇔	興奮

2 2語関係① (5択)

重要度 ★★★★☆

頻出問題

最初に示された2語の関係を考え、これと同じ関係を表す語はどれか。

1 解答時間 20 秒

［生物：人間］

バス
- A　運輸
- B　交通
- C　電車
- D　交通機関
- E　観光バス

2 解答時間 20 秒

［鉛筆：筆記］

巻尺
- A　定規
- B　製図
- C　建設
- D　計測
- E　料理

スピード解法のポイント

2語の関係をつかむ

- 包含、用途、役割、原料、製品、同列、一対などの関係が出題されている
- 2語をつないで1つの文にすると関係がわかる

頻出問題の解答・解説

1 正解 E 　速解の手引き　2語をつないで1つの文にする

「生物」と「人間」は、AはBを含むという包含関係を表す。
「生物の中に人間がいる」「生物の一種が人間である」という文にできる。したがって、「バスの中に〇〇がある」「バスの一種が〇〇」という関係になる。
よって、〇〇に入るものとしてはEの「観光バス」が適切。

2 正解 D 　速解の手引き　2語をつないで1つの文にする

「鉛筆」と「筆記」は、AはBの道具、Aの用途はBという道具・用途の関係を表す。「鉛筆は筆記のための道具である」「鉛筆の用途は筆記である」という文にできる。したがって、「巻尺は〇〇のための道具」「巻尺の用途は〇〇」の関係になる。
よって、〇〇に入るものとしてはDの「計測」が適切。

頻出の2語関係は、次の7種類である。

■主要な2語関係

> このほかには、179ページの 4 のような関係もある

関係	表し方	例
包含	AはBを含む（AはBに含まれる） Aの一種がB（AはBの一種）	生物：人間 机：家具（机は家具に含まれる、机は家具の一種）
用途・役割	Aの用途はB Aの役割はB	鉛筆：筆記 医師：治療（医師の役割は治療）
原料・製品	Aの原料はB Aの製品にBがある	豆腐：大豆（豆腐の原料は大豆） 牛乳：バター（牛乳の製品にバターがある）
同列	AもBも同じく〇〇の一種	中世：近代（中世も近代も時代区分の一種）
一対	AとBは一対で使われる	弓：矢（弓と矢は一対で使われる）
同意語	AとBは同じ意味	パラソル：日傘（パラソルと日傘は同じ意味）
反対語	AとBは反対の意味	集合：解散（集合と解散は反対の意味）

「反対語」は168〜175ページも参照

基本 練習問題

最初に示された2語の関係を考え、これと同じ関係を表す語はどれか。

1 解答時間 **20** 秒
[トマト：野菜]

居間
- A 家
- B 部屋
- C 台所
- D ソファ
- E 建物

2 解答時間 **20** 秒
[紙：パルプ]

パスタ
- A 米
- B イタリア料理
- C そば
- D 小麦粉
- E スパゲッティ

3 解答時間 **20** 秒
[絵画：彫刻]

下駄
- A 浴衣
- B 素足
- C 履物
- D 鼻緒
- E サンダル

4 解答時間 **20** 秒
[傘：雨]

薬
- A 錠剤
- B 病気
- C 病院
- D 薬局
- E 医師

ヒント

まぎらわしい関係もあるので、
注意して2語の関係をしっかりつかもう

基本 練習問題の解答・解説

1 正解 B 〈速解の手引き〉 2語をつないで1つの文にする

「トマトは野菜に含まれる」「トマトは野菜の一種である」となるので、「AはBに含まれる」「AはBの一種である」という包含関係。「居間」が含まれるのは、Bの「部屋」。

2 正解 D 〈速解の手引き〉 2語をつないで1つの文にする

「紙の原料はパルプである」となるので、「Aの原料はBである」という原料・製品関係。「パスタ」の原料は、Dの「小麦粉」。

3 正解 E 〈速解の手引き〉 2語をつないで1つの文にする

「絵画も彫刻も同じく芸術の一種である」となるので、「AもBも同じく○○の一種である」という同列関係。したがって、「下駄」と同じ種類のものはEの「サンダル」。Cの「履物」は、「下駄」や「サンダル」を含むという関係になってしまうので誤り。これを図で表すと、次のようになる。

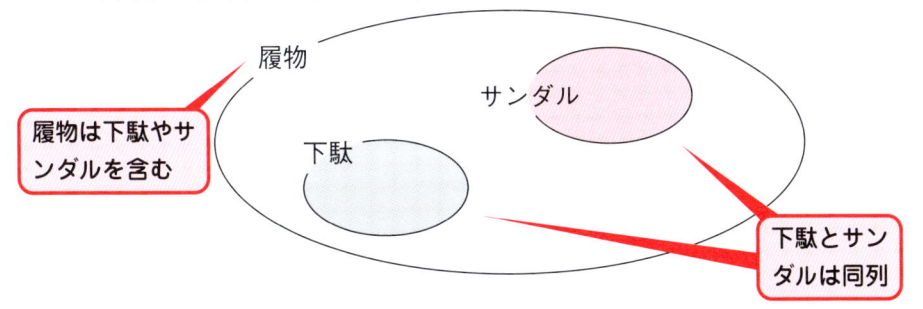

（図：履物の中に下駄とサンダルが含まれる。「履物は下駄やサンダルを含む」「下駄とサンダルは同列」）

4 正解 B 〈速解の手引き〉 2語をつないで1つの文にする

「傘は雨のときに使用する」という関係。「薬」を使用するのは、Bの「病気」のときなので、「薬は病気のときに使用する」が成り立つ。

> これは177ページの「主要な2語関係」にはないが、2語を使って文にしてみれば、容易に判断できる

2語関係② (6択)

重要度 ★★★★★

頻出問題

最初に示された2語の関係を考え、これと同じ関係を表す対はどれか。

1 解答時間 **20**秒

[家事：洗濯]
- ア　植物：アロエ
- イ　砂糖：調味料
- ウ　衣服：制服

A　アだけ　　　B　イだけ　　　C　ウだけ
D　アとイ　　　E　アとウ　　　F　イとウ

2 解答時間 **20**秒

[好転：悪化]
- ア　写真：撮影
- イ　私信：書簡
- ウ　緊張：弛緩

A　アだけ　　　B　イだけ　　　C　ウだけ
D　アとイ　　　E　アとウ　　　F　イとウ

スピード解法のポイント

正しい選択肢が2つある場合もある

● 2語関係には、5択の場合と同じく包含、用途、役割、原料、製品、同列、一対などがある。

頻出問題の解答・解説

1 正解 E　速解の手引き 2語と同じ関係のものを見つける

「家事」の中に「洗濯」は含まれるので、「AはBを含む」という関係を表す。「左側（A）は右側（B）を含む関係」の対を探す。

> 177ページの「主要な2語関係」の表参照

> 「含む」「含まれる」の関係では、左右の位置で関係が変わるので要注意！

- ア　「植物」（A）は「アロエ」（B）を含む関係 ➡ 同じ関係
- イ　「砂糖」（A）は「調味料」（B）の中に含まれる関係
　　➡ 左（A）と右（B）の関係が逆なので、同じ関係ではない
- ウ　「衣服」（A）は「制服」（B）を含む関係 ➡ 同じ関係

よって、同じ関係の対はアとウである。

2 正解 C　速解の手引き 2語と同じ関係のものを見つける

「好転」の反対語が「悪化」なので、「AとBは反対の意味」という関係を表す。

- ア　「写真」は「撮影」するものという関係 ➡ 同じ関係ではない
- イ　「私信」は「個人的な手紙」のことで、「書簡」とは「手紙」のこと。したがって、「私信は書簡の中に含まれる」の関係
　　➡ 同じ関係ではない
- ウ　「緊張」の反対語は「弛緩」 ➡ 同じ関係

> 緊張：はりつめていてゆるみがないこと
> 弛緩：ゆるむこと

よって、同じ関係の対はウのみである。

基本 練習問題

最初に示された2語の関係を考え、これと同じ関係を表す対はどれか。

1 解答時間 20 秒

[工場：製造]

　ア　ダム：貯水
　イ　学校：教育
　ウ　店舗：商品

A　アだけ　　B　イだけ
C　ウだけ　　D　アとイ
E　アとウ　　F　イとウ

2 解答時間 20 秒

[天災：災害]

　ア　服装：和服
　イ　スプーン：食器
　ウ　織物：絹

A　アだけ　　B　イだけ
C　ウだけ　　D　アとイ
E　アとウ　　F　イとウ

3 解答時間 20 秒

[針：糸]

　ア　かばん：靴
　イ　鍵：錠
　ウ　弓：矢

A　アだけ　　B　イだけ
C　ウだけ　　D　アとイ
E　アとウ　　F　イとウ

4 解答時間 20 秒

[記者：取材]

　ア　俳優：演技
　イ　作家：文学
　ウ　大工：設計

A　アだけ　　B　イだけ
C　ウだけ　　D　アとイ
E　アとウ　　F　イとウ

基本 練習問題の解答・解説

1 正解 D　速解の手引き 2語と同じ関係のものを見つける

「工場の役割は製造である」という関係。
- ア 「ダムの役割は貯水である」という関係 ➡ 同じ関係
- イ 「学校の役割は教育である」という関係 ➡ 同じ関係
- ウ 「店舗の役割は商品である」では意味のある文にならない
  ➡ 同じ関係ではない

2 正解 B　速解の手引き 2語と同じ関係のものを見つける

「天災は災害の中に含まれる」「天災は災害の一種である」という関係。
　　　└── 災害には天災と人災があるため

- ア 「和服は服装の中に含まれる」「和服は服装の一種である」という関係 ➡ 左右の関係が逆なので、同じ関係ではない
- イ 「スプーンは食器の中に含まれる」「スプーンは食器の一種である」という関係 ➡ 同じ関係
- ウ 「織物」と「絹」は「含む」「含まれる」の関係ではない
  ➡ 同じ関係ではない ← 「絹は織物の材料である」という関係

3 正解 F　速解の手引き 2語と同じ関係のものを見つける

「針と糸は一対で使用するもの」という関係。
- ア 「かばんと靴は一対で使用するもの」ではない
  ➡ 同じ関係ではない
- イ 「鍵と錠は一対で使用するもの」である ➡ 同じ関係
- ウ 「弓と矢は一対で使用するもの」である ➡ 同じ関係

4 正解 A　速解の手引き 2語と同じ関係のものを見つける

「記者は取材をする人」「記者の役割は取材である」という関係。
- ア 「俳優の役割は演技である」 ➡ 同じ関係
- イ 「作家の役割は著述である」なので、「文学」ではない
  ➡ 同じ関係ではない
- ウ 「大工の役割は建築である」なので、「設計」ではない
  ➡ 同じ関係ではない

3 語句の意味

重要度 ★★★★☆

頻出問題

最初に示されたことばと意味が最もよく合致するものはどれか。

[1] 解答時間 20 秒

[順を追って少しずつ進むこと]

- A 地道
- B 順調
- C 徐行
- D 漸進
- E 進捗(しんちょく)

[2] 解答時間 20 秒

[何もしないで傍観していること]

- A 目をつぶる
- B 手をこまねく
- C 腰をすえる
- D 腹をくくる
- E 歯牙(しが)にもかけない

スピード解法のポイント

語句の要素、用例、漢字などから、多角的に考える

●要素分解　●用例　●漢字の意味・読み・表記　●消去法

頻出問題の解答・解説

1 正解 D

速解の手引き 要素分解＋漢字の意味・表記⇒用例⇒消去法

1st step 要素分解をして、同じ意味・表記を含む漢字を探す。

（A、Bがはずれる）

「順を追って少しずつ進む」
＝「順を追って」＋「少しずつ」＋「進む」
「進む」の意味 ➡ C徐行、D漸進、E進捗
（意味が同じ）

2nd step 用例を検討する。

（C、Eがはずれる）

C「電車が『徐行』運転になった」
＝「電車が『順を追って少しずつ進む』運転になった」
➡ 『順を追って』がおかしい

E「仕事の『進捗』状況を尋ねる」
＝「仕事の『順を追って少しずつ進んでいる』状況を尋ねる」
➡ 『順を追って少しずつ』はおかしい

3rd step 消去法で正解を導く。

（Dが残る）

Cの徐行とEの進捗はおかしいとわかったので、漸進が正しい。

「漸進」の「漸」は、「徐々に進む」の意味

2 正解 B

速解の手引き 用例から意味を検討する

慣用句は意味を推し量ることは難しいので、**用例を使って**正確な意味をしっかり覚えておこう。

A「多少の欠点には『目をつぶろう』」…見ぬふりをしてとがめない
B「『手をこまねく』ばかりで何もしない」…何もせず傍観する。正しくは「手をこまぬく」
C「『腰をすえて』仕事にとりかかる」…集中して1つのことにあたる
D「こうなったら『腹をくくる』しかない」…いかなる結果にもたじろがないように覚悟する
E「周囲の批判など『歯牙にもかけなかった』」…問題にせず無視する

基本 練習問題（1）

最初に示されたことばと意味が最もよく合致するものはどれか。

1　解答時間 20 秒

［あせっていらだつこと］

- A　憤慨
- B　狼狽（ろうばい）
- C　焦燥
- D　焦眉（び）
- E　切迫

2　解答時間 20 秒

［得意になって見せること］

- A　誇示
- B　披露
- C　傲慢（ごう）
- D　顕示
- E　開陳

3　解答時間 20 秒

［弊害を除きまったく新しくすること］

- A　排除
- B　新規
- C　洗脳
- D　刷新
- E　払拭（しょく）

4　解答時間 20 秒

［おしゃべりなこと］

- A　毒舌
- B　饒舌（じょう）
- C　雄弁
- D　放言
- E　過言

ヒント

語句の要素、用例、漢字など、いろいろな視点から判断できるようにしよう

基本 練習問題（1）の解答・解説

1 正解 C　速解の手引き　漢字の表記⇒用例

「あせる」を漢字で表せば「焦る」 ➡ C焦燥とD焦眉に絞る
用例を検討する。
C「支持率の低下が政権の『焦燥』感をあおった」＝「支持率の低下が政権の『あせっていらだつ』感覚をあおった」 ➡ **正解**

> 焦眉とは「差し迫った」「危険が迫った」という意味

D「赤字の解消が『焦眉』の問題だ」＝「赤字の解消が『あせっていらだつ』問題だ」 ➡ 不自然なので、**不正解**

2 正解 A　速解の手引き　要素分解＋漢字の意味

「得意になって見せる」＝「得意になって」＋「見せる」
「得意になって」の意味 ➡ A誇示の「誇」、C傲慢
「見せる」の意味 ➡ A誇示の「示」、B披露、D顕示の「示」
両方の意味が含まれるのは、Aの誇示のみ。

3 正解 D　速解の手引き　漢字の意味・表記＋用例⇒消去法

「新しくする」の意味 ➡ B新規、C洗脳、D刷新　　〔同じ表記に注目〕

C洗脳＝脳を洗う…人工的手段で特定の思想をもつように仕向けること ➡ **おかしい**
B「『新規』契約を獲得した」＝「『弊害を除きまったく新しくする』契約を獲得した」 ➡ **おかしい**　〔用例を検討する〕
Bの新規とCの洗脳はおかしいので、消去法で刷新が正しい。

4 正解 B　速解の手引き　漢字の読み⇒消去法

A毒舌＝毒のある舌（ことば・表現）
C雄弁＝雄々しく弁じる（論じる）…巧みで力強い話し方
D放言＝言い放つ…無責任な発言　〔消去法で「饒舌」が残った〕
E過言＝言い過ぎ
Bの饒舌以外は、「おしゃべり」という意味ではない。

練習問題（2）

最初に示されたことばと意味が最もよく合致するものはどれか。

5 解答時間 20 秒

［激しくふるい立たせること］

- A 奨励
- B 声援
- C 挑発
- D 鼓舞
- E 喚起

6 解答時間 20 秒

［せっぱ詰まった状況］

- A 意固地
- B 正念場
- C 土壇場
- D 独壇場
- E 過渡期

7 解答時間 20 秒

［平然ととぼけること］

- A ひるむ
- B おどける
- C かんぐる
- D かこつける
- E うそぶく

8 解答時間 20 秒

［味方に引き入れること］

- A かわいがる
- B 手なずける
- C 心がける
- D ひいきにする
- E ことよせる

ヒント

適切な用例を考えてみよう

基本 練習問題（2）の解答・解説

5 正解 **D**　速解の手引き　漢字の読み＋用例⇒消去法

A 奨励＝奨めて励ます…何かをするように励まし勧める
B 声援＝声をかけて応援する
C 挑発＝挑む＋発生する…相手を刺激して何かが起きるように仕向ける
E 「注意を『喚起』する」＝「注意を『激しくふるい立たせる』」
➡ おかしい

> 意味から、A、B、Cがおかしいとわかる

> 用例で考える

> 消去法で「鼓舞」が残った

6 正解 **C**　速解の手引き　用例から意味を検討する

A 「『意固地』な態度をとる」…かたくなに意地を張る
B 「ここが『正念場』だ」…大事な局面
C 「『土壇場』に追い詰められた」＝「『せっぱ詰まった状況』に追い詰められた」➡ 正しい
D 「数学となると彼の『独壇場』だった」…1人だけで活躍できる場
E 「現在は『過渡期』だ」…古いものから新しいものへ移行する途中

> 用例で考える

7 正解 **E**　速解の手引き　用例から意味を検討する

A 「警官の拳銃に『ひるんで』逃げた」…恐れておじけづく
B 「カメラに向かって『おどけた』表情をした」…ふざける
C 「裏があるのではと『かんぐる』」…あれこれと邪推する
D 「病気に『かこつけて』欠席した」…他のことを口実にする
E 「知らないと『うそぶく』」＝「知らないと『平然ととぼける』」
➡ 正しい

> うそぶくとは、「そらとぼける」「大きなことをいう」こと

8 正解 **B**　速解の手引き　用例から意味を検討する

A 「猫を『かわいがる』」…愛する
B 「妹を『手なずけて』、親を説得した」＝「妹を『味方に引き入れて』、親を説得した」➡ 正しい
C 「いつも早起きを『心がけている』」…気をつける
D 「あの店を『ひいきにする』」…気に入った者に力添えをする
E 「仕事に『ことよせて』彼女に会う」…口実にする。かこつける

> 適切な用例を考えることがポイント

3章　言語能力問題　3　語句の意味

4 語句の用法

重要度 ★★★★☆

頻出問題

最初に示された語の下線部分の意味を考え、これと最も近い意味はどれか。

[1] 解答時間 20秒

［口を慎む］

- A 傷口
- B 辛口
- C 出口
- D 無口
- E 秋口

[2] 解答時間 20秒

［足を踏まれる］

- A 駅まで5分あれば行かれる
- B 校長先生が朝礼で話される
- C 負傷者が病院に運ばれる
- D 故郷の山が思い出される
- E 大学を卒業して東京を離れる

スピード解法のポイント

**語句を言い換えてみる
語句を漢字で表記してみる**

● 言い換えや漢字での表記は、多義語や文法の問題でよく使う解法

頻出問題の解答・解説

1 正解 D　速解の手引き 語句を言い換えてみる

「口を慎む」は、「おしゃべりを慎む」と言い換えることができる。それぞれの**選択肢の「口」を言い換えてみる**。
A＝傷が外部に開いたところ
B＝味が辛い
C＝人やものが出入りするところ
D＝おしゃべりがないこと
E＝秋の初め
よって、同じ言い換えができるDが正しい。

> 「おしゃべり」が問いと同じ
> 同じことばで言い換えられた

2 正解 C　速解の手引き 語句を言い換えてみる

「足を踏まれる」とは、だれかの「踏む」という動きを自分の足で受けること。
➡この「れる」は、作用を受けることなので、受身の意味

助動詞「れる」には、4つの意味がある。

> 助動詞「れる」の4つの用法はしっかり覚える

受身	他者から動作・作用を受けること
可能	「〜することができる」こと
自発	「自然とそうなる」、「ひとりでにそうなる」こと
尊敬	相手に敬意を表し、「お〜になる」で言い換えることができる

> 例文といっしょに覚えると、区別しやすい

A＝行くことができる➡**可能**
B＝（先生が）おっしゃる（敬語）➡**尊敬**
C＝だれかの「運ぶ」という動作を受ける➡**受身**
D＝自然と思い出す➡**自発**
E＝「離れる」で1語の動詞
よって、同じ受身を表すCが正しい。

> 受身の意味が同じ

基本 練習問題（多義語）

最初に示された語の下線部分の意味を考え、これと最も近い意味に使われているものはどれか。

1 解答時間 20 秒

[生意気な口をきく]

- A 新しい薬がきく
- B TVの宣伝がきく
- C 父の忠告をきく
- D 先方の都合をきく
- E 彼は機転がきく

2 解答時間 20 秒

[先の見通しが立たない]

- A 代金を先に払う
- B 計画を先に延ばす
- C 3軒先の家
- D お先にどうぞ
- E 話の先を聞く

3 解答時間 20 秒

[学問の道を志す]

- A 人の道に背く
- B わが道を行く
- C この道の大家
- D 救う道がない
- E 帰る道でお土産を買う

4 解答時間 20 秒

[ただ一人の身内]

- A ただの紙切れ
- B ただならぬ様子
- C ただより高いものはない
- D ただ待つしかない
- E 見つかったらただではすまない

ヒント

下線部のように、ひとつの語で複数の意味をもつ語のことを多義語という。このような多義語の問題を解くには、漢字にしたり、言い換えたりしてみよう！

基本 練習問題（多義語）の解答・解説

1 正解 E　速解の手引き 漢字で表記してみる

「口をきく」を漢字で表すと➡口を利く
A＝薬が効く（「効き目がある」の意味）
B＝宣伝が効く（「効き目がある」の意味）
C＝忠告を聞く（「聞き入れる」「従う」の意味）
D＝都合を聞く（「尋ねる」の意味）
E＝機転が利く（「働く」の意味）　←　同じ漢字で表せる

2 正解 B　速解の手引き 言い換えてみる

「先の見通しが立たない」を言い換えてみると➡将来の見通しが立たない
A＝代金を（商品を受けるよりも）前に払う
B＝計画を将来に延ばす
C＝3軒前のほうの家（場所的な前方）
D＝自分より前の順番にどうぞ
E＝話の残りを聞く

「将来」で言い換えられる

3 正解 C　速解の手引き 言い換えてみる

「学問の道を志す」を言い換えてみると➡学問という分野を志す
A＝人としての道徳に背く
B＝自分の方法を貫く
C＝この分野の大家
D＝救う手段がない
E＝帰る途中でお土産を買う

「分野」で言い換えられる

4 正解 D　速解の手引き 言い換えてみる

「ただ一人の身内」を言い換えてみると➡唯一の身内
A＝普通の紙切れ
B＝普通ではない様子
C＝無料より高いものはない
D＝唯一待つしかない
E＝見つかったら無事ではすまない

「唯一」で言い換えられる

基本 練習問題（文法）

最初に示された語の下線部分の意味を考え、これと最も近い意味はどれか。

1 解答時間 20秒

[足元が見え<u>ない</u>]

A あまり暑く<u>ない</u>
B 話が面白く<u>ない</u>
C ほとんど影響が<u>ない</u>
D バスがなかなか来<u>ない</u>
E 被害者は少<u>ない</u>

2 解答時間 20秒

[子供を公園で遊ば<u>せる</u>]

A 仕事を任<u>せる</u>
B 買物に行か<u>せる</u>
C 故郷に思いをは<u>せる</u>
D 波が打ち寄<u>せる</u>
E 詳細を問い合わ<u>せる</u>

3 解答時間 20秒

[笑顔<u>で</u>挨拶をする]

A 地震<u>で</u>全壊する
B 色鉛筆<u>で</u>描く
C 1週間<u>で</u>仕上げる
D 同窓会<u>で</u>再会する
E はだし<u>で</u>歩く

4 解答時間 20秒

[歩き<u>ながら</u>食べる]

A われ<u>ながら</u>よくできた
B 悪いと知り<u>ながら</u>する
C 小柄<u>ながら</u>体力はある
D 犬が尾を振り<u>ながら</u>走る
E 昔<u>ながら</u>の街並み

ヒント

●「ない」の見分け方①
「ない」の前に「は」や「が」が入れば形容詞
　「暑く<u>は</u>ない」○⇒形容詞　　「来<u>は（が）</u>ない」×
●「ない」の見分け方②
「ぬ」に言い換えられれば助動詞
　「暑く<u>ぬ</u>」×　　「知ら<u>ぬ</u>」○⇒助動詞

基本 練習問題（文法）の解答・解説

1 正解 D　[速解の手引き] 言い換えてみる

「見えない」の「ない」は打ち消しの助動詞。
見えない＝見えぬ ←「ぬ」で言い換えられる
A　暑く＋は＋ない ➡ **形容詞**
B　面白く＋は＋ない ➡ **形容詞**　←「は」や「が」が入る
C　影響＋が＋ない ➡ **形容詞**
D　来ない＝来ぬ ➡ **助動詞** ←「ぬ」で言い換えられる
E　「少ない」で1語の形容詞

2 正解 B　[速解の手引き] 言い換えてみる

「遊ばせる」＝遊ぶようにさせる
B「行かせる」＝行くようにさせる　←同じ助動詞が使われている
A「任せる」、C「はせる」、D「打ち寄せる」、E「問い合わせる」は、すべて1語の動詞。

3 正解 E　[速解の手引き] 言い換えてみる

「笑顔で」＝笑顔の状態で
A「地震で」＝地震が原因で（原因）
B「色鉛筆で」＝色鉛筆を使って（手段）
C「1週間で」＝1週間の期限で（期限）
D「同窓会で」＝同窓会の場で（場所・場面）
E「はだしで」＝はだしの状態で（状態） ←同じことばで言い換えられた

4 正解 D　[速解の手引き] 言い換えてみる

歩きながら＝歩くのと同時に（動作の並行を表す接続助詞）
A「われながら」＝自分のこととはいえ
B「知りながら」＝知っていたけれども（逆接を表す接続助詞）
C「小柄ながら」＝小柄だけれども（逆接を表す接続助詞）
D「尾を振りながら」＝尾を振るのと同時に
E「昔ながらの」＝昔のままの

5 文節整序

重要度 ★★★☆☆

例題

1 解答時間 **40**秒

文中のア～オの下線部にA～Eの語句を入れて文章を完成させる場合、枠で囲まれた部分に入れるのに最も適切なものはA～Eのうちどれか。

政府が　ア　|　イ　|　ウ　　エ　　オ　振興である。

- A　日本研究の
- B　文化交流を
- C　協力する
- D　第三の分野は
- E　促進するために

スピード解法のポイント

決めやすいところから決めていく

- 主語⇄述語、目的語⇄述語の関係から決める
- 「～する（した）」（連体形）は名詞に続く

例題の解答・解説

1 正解 E 　速解の手引き　「が」「は」「を」に注目する

政府が　ア文化交流を（**B**）　イ促進するために（**E**）　ウ協力する（**C**）
エ第三の分野は（**D**）　オ日本研究の（**A**）　振興である。

1st step　決めやすいところを見つける

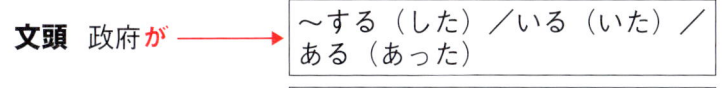

文頭	政府が →	〜する（した）／いる（いた）／ある（あった）
B	文化交流を →	〜する（した）／いる（いた）／ある（あった）
D	第三の分野は →	〜する（した）／いる（いた）／ある（あった）

2nd step　決めやすいところを決める

主語／目的語		する／ある／いる	
文頭	政府が	C	協力する
B	文化交流を →	E	促進するために
D	第三の分野は	文末	振興である。

「文化交流を促進するために」が決まれば
➡ 「政府が」は「協力する」
➡ 「第三の分野は」は「振興である」

> 「〜するために」は
> 「〜する」「〜ある」「〜いる」に続く

3rd step　文を組み合わせる

① **文頭**　政府が　　　　協力する ←
　　　　　　文化交流を　　促進するために
　　　　　　日本研究の ─┐
　　　　　　第三の分野は　[　　]　振興である。　**文末**

② **文頭**　政府が文化交流を促進するために協力する

> 「〜する」（連体形）は名詞に続く

　　　　　　第三の分野は日本研究の振興である。　**文末**

基本 練習問題

文中のア～オの下線部にA～Eの語句を入れて文章を完成させる場合、枠で囲まれた部分に入れるのに最も適切なものはA～Eのうちどれか。

1 解答時間 **40秒**

日本の領海内に　ア　イ　ウ　エ　オ　ことが不可欠である。

- A　対外的に主張するには
- B　新たにできた島を
- C　それを地図に記載する
- D　日本の領土と
- E　海底火山の爆発によって

2 解答時間 **40秒**

エネルギーの消費構造は　ア　イ　ウ　エ　オ　消費である。

- A　その60～80％が自動車による
- B　都市ごとに大きな
- C　交通分野での石油消費が大きく
- D　相違があるが途上国では一般に
- E　しばしば石油消費の40％以上を占め

ヒント

・「～を」　⇒「～する」に続く
・「～する」⇒　名詞に続く
・形容詞　　⇒　名詞に続く

198

練習問題の解答・解説

1 正解 D

日本の領海内に **ア**海底火山の爆発によって（**E**） **イ**新たにできた島を（**B**） **ウ**日本の領土と（**D**） **エ**対外的に主張するには（**A**） **オ**それを地図に記載する（**C**） ことが不可欠である。

1st step 決めやすいところを見つけて決める

B	新たにできた島を →	A 対外的に主張するには
		C それを地図に記載する
C	それを地図に記載する	B 新たにできた島を
		D 日本の領土と
		E 海底火山の爆発によって
		文末 ことが不可欠である。

2nd step 文を組み合わせる

文頭 日本の領海内に

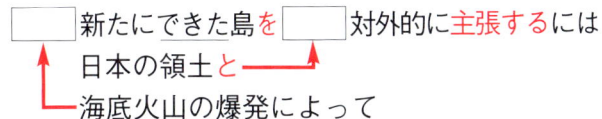

　　　□ 新たにできた島を □ 対外的に主張するには
　　　　　日本の領土と
　　　　海底火山の爆発によって
　　　それを地図に記載することが不可欠である。**文末**

2 正解 E

エネルギーの消費構造は **ア**都市ごとに大きな（**B**） **イ**相違があるが途上国では一般に（**D**） **ウ**交通分野での石油消費が大きく（**C**） **エ**しばしば石油消費の40％以上を占め（**E**） **オ**その60〜80％が自動車による（**A**） 消費である。

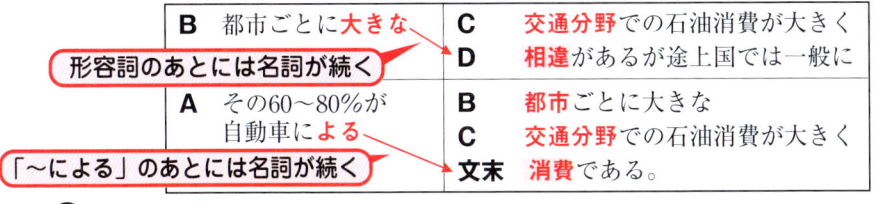

1st step 決めやすいところを見つけて決める

B	都市ごとに大きな	C 交通分野での石油消費が大きく
形容詞のあとには名詞が続く	→	D 相違があるが途上国では一般に
A	その60〜80％が自動車による	B 都市ごとに大きな
		C 交通分野での石油消費が大きく
「〜による」のあとには名詞が続く	→	文末 消費である。

2nd step 文を組み合わせる

文頭 エネルギーの消費構造は都市ごとに大きな
　　　相違があるが途上国では一般に
　　　交通分野での石油消費が大きく
　　　　　　しばしば石油消費の40％以上を占め
　その60〜80％が自動車による消費である。**文末**

6 文章整序

重要度 ★★★☆☆

例題

次の文章を読んで、問いに答えなさい。

ア　なぜなら原句は trad を頭韻とし、tore を脚韻とする大そう粋な駄じゃれだからである。
イ　その意味は、翻訳者は裏切り者、ということだ。
ウ　まあ一種の語呂合せみたいなものであり、それを一概に「翻訳者は裏切り者」と心得て畏れ謹んだのでは、この名句の発案者の折角の笑いが消し飛んでしまう。
エ　Traduttore, traditore. というイタリアの古い警句があるそうだ。
オ　ところが、そう日本語に直したのでは、やはり申訳のない裏切りの罪を犯すことになる。

神西清「翻訳のむずかしさ」

1 解答時間 **1**分

上の文を意味が通るように並べ替えたとき、アの後に続く文はどれか。

- **A** イが続く
- **B** ウが続く
- **C** エが続く
- **D** オが続く
- **E** アが最後の文である

スピード解法のポイント

関連する語句や接続語、指示語に注目する

- 同じ語句・関連する語句を含む選択肢どうしがつながる
- 接続語や指示語が文頭にある文は先頭にはならない

例題の解答・解説

1 正解 B　　**速解の手引き** 同じ語句・関連する語句を含む選択肢を探す

1st step アに含まれている語句と共通性・関連性のある語句を含む選択肢を探す。
次の①または②の組合せが考えられる。

---

① ア　なぜなら原句は trad を頭韻とし、tore を脚韻とする大そう粋な<u>駄じゃれ</u>だからである。

　ウ　まあ一種の<u>語呂合せ</u>みたいなものであり、それを一概に「翻訳者は裏切り者」と心得て畏れ謹しんだのでは、この名句の発案者の折角の笑いが消し飛んでしまう。

---

② ア　なぜなら<u>原句</u>は <u>trad</u> を頭韻とし、<u>tore</u> を脚韻とする大そう粋な駄じゃれだからである。

　エ　<u>Traduttore, traditore</u>. というイタリアの<u>古い警句</u>があるそうだ。

2nd step ①と②を読んでみる。➡②は意味が通じない➡①が通じる
よって、アの後に続くのはウ。

3rd step 全体の順序を決める。（時間がないときは省いてもよい）

エ　Traduttore, traditore. というイタリアの<u>古い警句</u>があるそうだ。

イ　<u>その意味</u>は、<u>翻訳者</u>は裏切り者、ということだ。
オ　ところが、そう<u>日本語に直した</u>のでは、やはり申訳のない裏切りの罪を犯すことになる。

ア　なぜなら<u>原句</u>は trad を頭韻とし、tore を脚韻とする大そう<u>粋な駄じゃれ</u>だからである。
ウ　まあ一種の<u>語呂合せ</u>みたいなものであり、それを一概に「翻訳者は裏切り者」と心得て畏れ謹しんだのでは、この名句の発案者の折角の笑いが消し飛んでしまう。

「その」や「なぜなら」は前の文を受けるので、先頭文にはならない

3章 言語能力問題　6 文章整序

基本 練習問題（1）

次の文章を読んで、問いに答えなさい。

> ア　もちろん第二版の訂正増補が最大であるが、これに次いでは第三版及び第五版のそれである。
> イ　しかし実際は、『人口論』はマルサスの生きている間に六版を重ねており、その各々にはいずれも訂正または増補が行われているのであって、同一の版本は一つもないのである。
> ウ　そして第四版及び第六版はその各々の前の版の再刻と普通には称せられているが、それでさえ実は修正が加えられているのである。
> エ　しかしその第二版以後がどうかということになると、余りはっきりしていないようである。
> オ　マルサス『人口論』の第一版と第二版との間に大きな差異があることは、どの本にも書いてあり誰でも知っている。
>
> 　　　　　　　　　　　　　吉田秀夫「マルサス『人口論』訳序」

1　解答時間 1 分

上の文を意味が通るように並べ替えたとき、イの後に続く文はどれか。

- **A** アが続く
- **B** ウが続く
- **C** エが続く
- **D** オが続く
- **E** イが最後の文である

ヒント

文章整序の問題は、テストセンター受検の場合に出題！

基本 練習問題（1）の解答・解説

1 正解 A

速解の手引き 同じ語句・関連する語句を含む選択肢を探す

1st step イに含まれている語句と共通性・関連性のある語句を含む選択肢を探す。

> イ しかし実際は、『人口論』はマルサスの生きている間に六版を重ねており、その各々にはいずれも訂正または増補が行われているのであって、同一の版本は一つもないのである。
>
> ア もちろん第二版の訂正増補が最大であるが、これに次いでは第三版及び第五版のそれである。

2nd step 全体の順序を決める。

（前の文を受ける語句）

オ以外の選択肢は、「もちろん」「しかし」「そして」という語句で始まっている。➡オ以外の選択肢は先頭文にはならない➡オが先頭文になる。

全体を並べると次のようになる。

オ マルサス『人口論』の第一版と第二版との間に大きな差異があることは、どの本にも書いてあり誰でも知っている。

エ しかしその第二版以後がどうかということになると、余りはっきりしていないようである。

イ しかし実際は、『人口論』はマルサスの生きている間に六版を重ねており、その各々にはいずれも訂正または増補が行われているのであって、同一の版本は一つもないのである。

ア もちろん第二版の訂正増補が最大であるが、これに次いでは第三版及び第五版のそれである。

ウ そして第四版及び第六版はその各々の前の版の再刻と普通には称せられているが、それでさえ実は修正が加えられているのである。

よって、イの後に続くのはア。

練習問題 (2)

次の文章を読んで、問いに答えなさい。

> ア　もっとも中にはＸＹのいずれか一方が百点に近くて他の一方の数値が小さいような例もあるにはあったが、大勢から見れば両者の間には統計的相関があるといってもたいして不都合はなかったように記憶している。
> イ　各受験者のこの二学科の点数をＸＹとして図面にプロットしてみると、もちろん、点はかなり不規則に散布する。
> ウ　これはきわめて当たりまえのようにも思われる。結局頭のよいものは両方の点がいいという事が、最も多くプロバブルである、といってしまえばそれだけである。
> エ　しかしだいたいからいえば、やはりＸ＝Ｙで表わされる直線の近くに点の密度が多いように見えた。
> オ　ある入学試験の成績表について数学の点数と語学の点数の相関を調べてみたことがあった。
>
> 寺田寅彦「数学と語学」

2 解答時間 **1**分

上の文を意味が通るように並べ替えたとき、エの後に続く文はどれか。

A アが続く　　**B** イが続く　　**C** ウが続く
D オが続く　　**E** エが最後の文である

ヒント

共通する語句や関連のある語句をすばやく見つけよう

基本 練習問題（2）の解答・解説

2　正解 A　　速解の手引き　同じ語句・関連する語句を含む選択肢を探す

1st step　エに含まれている語句と共通性・関連性のある語句を含む選択肢を探す。

> エ　しかしだいたいからいえば、やはりＸ＝Ｙで表わされる直線の近くに点の密度が多いように見えた。
>
> ア　もっとも中にはＸＹのいずれか一方が百点に近くて他の一方の数値が小さいような例もあるにはあったが、大勢から見れば両者の間には統計的相関があるといってもたいして不都合はなかったように記憶している。

2nd step　全体の順序を確認する。
全体を並べてみると次のようになる。

オ　ある入学試験の成績表について**数学の点数と語学の点数**の相関を調べてみたことがあった。

イ　各受験者の**この二学科の点数**をＸＹとして図面にプロットしてみると、もちろん、**点はかなり不規則に散布する**。

> 「プロットする」とは、図面上に点を打つこと

エ　しかしだいたいからいえば、やはりＸ＝Ｙで表わされる直線の近くに**点の密度が多い**ように見えた。

ア　もっとも中にはＸＹのいずれか**一方が百点に近くて他の一方の数値が小さい**ような例もあるにはあったが、大勢から見れば**両者の間には統計的相関がある**といってもたいして不都合はなかったように記憶している。

ウ　これはきわめて当たりまえのようにも思われる。結局頭のよいものは**両方の点がいい**という事が、最も多くプロバブルである、といってしまえばそれだけである。

よって、エの後に続くのはア。

> 「プロバブル」とは、ほぼ確実だということ

7 長文読解①（空欄補充―接続語）

重要度 ★★★★★

🖉 接続語を入れる問題はさほど難しくなく、出題率も高いため確実に得点しましょう。

例題

次の文章を読んで、問いに答えなさい。

> かつて人びとは、川の状況に合った生活をしていた。川は、ときに氾濫したが、そのたびに栄養分を平地に供給し、農耕文化を栄えさせた。□□□土木技術の進歩で、川には堤防が築かれ、それも流れがみえないほど高くなるにつれて、人びとと川との距離はしだいに遠く隔たっていった。堤防のない小川には危険防止のサクがめぐらされ、人と川との接触を妨げている。人と魚たちとのかかわりあいでも、今は漁業権というのがあって、むやみに近づけない仕組だ。人の生活の近代化は、こうして人と川とを切り離してきた。人びとは川が生活の基盤であることを忘れ、いのちの母であることを思わなくなった。人々は川を軽視し、汚れものを平気で捨てた。かつて川をいとおしんでいた人間は、ついに川をいじめる側に立ってしまった。
>
> （森下郁子『川の健康診断』日本放送出版協会）

1 解答時間 30 秒

文中の空欄□□□に入ることばとして、最も適切なものはどれか。

- A　つまり
- B　ところが
- C　したがって
- D　たとえば
- E　そして

🏃 スピード解法のポイント

空欄前後の文の関係、呼応関係に注意

- 前後の関係：「反対」「例示」「理由」など
- 呼応関係：「たとえ…しても」「確かに…だが」「なぜなら…だから」など

例題の解答・解説

1 正解 B　速解の手引き　空欄前後の文の関係を考える

1st step 空欄前後の文を読んでみる。

> 前後の文を読んでみて、どのような関係になっているかをつかもう

➡前後の文が長くて読みにくいときは、文末だけ読んでみる。

空欄前の文末	空欄後ろの文末
…川の状況に合った生活を<u>していた</u>。…農耕文化を<u>栄えさせた</u>。	…川との距離はしだいに遠く<u>隔たっていった</u>。

この2つの文（特に下線部）を比べれば、前後で反対のことを示しているとわかる。

2nd step 前後の関係を示す接続語を選ぶ。

■前後の文をつなぐ代表的な接続語

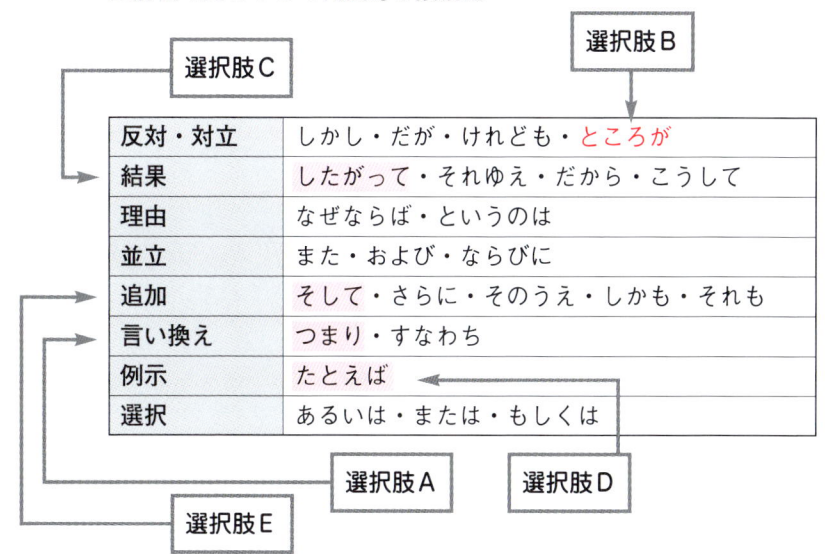

反対・対立	しかし・だが・けれども・ところが ← 選択肢B
結果	したがって・それゆえ・だから・こうして
理由	なぜならば・というのは
並立	また・および・ならびに
追加	そして・さらに・そのうえ・しかも・それも
言い換え	つまり・すなわち
例示	たとえば ← 選択肢D
選択	あるいは・または・もしくは

（選択肢C → 反対・対立、選択肢A → 追加、選択肢E → 言い換え）

前後で「反対・対立」の意味を表すのは、「ところが」のみ。

基本 練習問題

次の文章を読んで、問いに答えなさい。

> ヴォリンガーは、芸術的表現において「抽象への意志」は、外界の事物の再現による創造活動と同じように人間にとって本来的なものであり、循環的に繰り返し見られる歴史現象だということを明らかにした。　①　、彼は「抽象芸術」とは、　②　アラビアの建築装飾や東洋芸術のある種のものに見られるように、過去の作品において何回となく実際に例が見られるもののみならず、それは、再現による芸術表現と同じくらい、人間にとって本質的な活動だということを、多くの実例と明快な論理によって証明して見せたのである。
>
> （高階秀爾『続名画を見る眼』岩波書店）

1 解答時間 30 秒

文中の空欄　①　に入れることばとして、最も適切なものはどれか。

- A しかし
- B だから
- C そのため
- D または
- E すなわち

2 解答時間 30 秒

文中の空欄　②　に入れることばとして、最も適切なものはどれか。

- A たとえば
- B したがって
- C なぜならば
- D そして
- E ところが

基本 練習問題の解答・解説

1 正解 E

速解の手引き 空欄前後の文の関係を考える

1st step 空欄前後の文を読んでみる。
➡ 前後の文が長くて読みにくいときは、文末だけ読んでみる。

空欄前の文末	空欄後ろの文末
…<u>本来的なものであり、循環的に繰り返し見られる歴史現象だ</u>ということを<u>明らかにした</u>。	…<u>本質的な活動だということ</u>を、<u>多くの実例と明快な論理によって証明して見せた</u>のである。

この2つの文（特に下線部）を比べれば、<u>前後でほぼ同じことを述べている</u>ことがわかる。

2nd step 前後の関係を示す接続語を選ぶ。　　(p.207の表参照)
前後でほぼ同じことを述べるのは「**言い換え**」。
よって、「すなわち」が入る。

2 正解 A

速解の手引き 空欄前後の文の関係を考える

1st step 空欄前後の文を読んでみる。

空欄前の文末	空欄後ろの文末
「抽象芸術」	「アラビアの建築装飾や東洋芸術」

この2つの語句を比べれば、<u>前が一般的な分類で、後ろはその分類に含まれる具体的なもの</u>であることがわかる。

2nd step 前後の関係を示す接続語を選ぶ。
一般的な分類と、その分類に含まれる具体的なものとの関係は、「**例示**」。　　(p.207の表参照)
よって、「たとえば」が入る。

長文読解①(空欄補充―語句)

重要度 ★★★★☆

🖉 語句補充の問題は少し難しいことがありますが、やはり得点しておきたい問題です。

例題

次の文章を読んで、問いに答えなさい。

> 　ここで反省が起こった。川を守れ、自然を保護せよ、という運動である。自然をいじめる人びとの方がまだまだ圧倒的に多い現状では、これらの運動は大いに意義のあることである。だが、自然という言葉は、使われ方によっては意味が違ってくる。「自然」には、人間の手の加わった人工物に対する意味での「自然」と、人間の生活環境の一環としての「自然」とがある。前者を「原生自然」または「□□□□自然」といい、後者は「自然環境」と呼んでいる。自然保護という場合も、前者は原生自然保護、後者は自然環境保全という使い分けをする。
>
> 　　　　　　　　　　　（森下郁子『川の健康診断』日本放送出版協会）

1 ⏱解答時間 **1**分

文中の空欄□□□□に入れることばとして、最も適切なものはどれか。

- **A** 人工
- **B** 人間
- **C** 生活
- **D** 原始
- **E** 環境保護

🏃 スピード解法のポイント

**不自然な日本語になる選択肢を消去する
対応関係・関連語句に注目する**

例題の解答・解説

[1] 正解 D　　速解の手引き　対応する語句を見つける

1st step　不自然な日本語になる選択肢を消去する。

Eの「環境保護」を入れると「環境保護自然」という語句になるが、これは日本語として不自然なので消去する。

> 「人工自然」「人間自然」も不自然だが文脈から判断して、消去はできない

2nd step　対応関係に注目する。

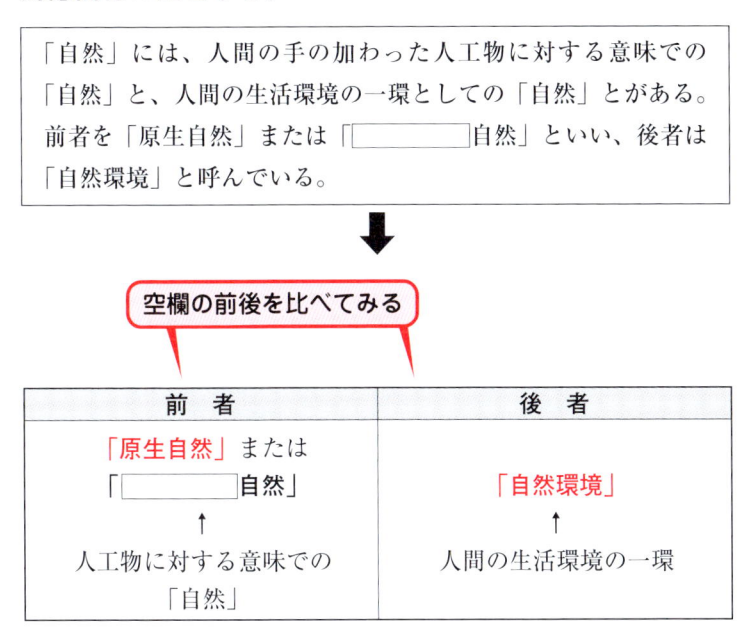

> 「自然」には、人間の手の加わった人工物に対する意味での「自然」と、人間の生活環境の一環としての「自然」とがある。前者を「原生自然」または「　　　　　自然」といい、後者は「自然環境」と呼んでいる。

↓

空欄の前後を比べてみる

前　者	後　者
「原生自然」または「　　　　　自然」	「自然環境」
↑	↑
人工物に対する意味での「自然」	人間の生活環境の一環

以上の対応関係が頭の中で整理できれば、空欄には「人工物とは反対」「人間の生活環境ではない」という意味の語句が入ると推測できる。また、「原生自然」という語句もヒントになる。

よって、「原始」が適切である。

関連語句に注目

基本 練習問題

次の文章を読んで、問いに答えなさい。

　このヴォリンガーの美学は、対象を否定する　①　絵画の方向に向いつつあったカンディンスキーにとっては、文字通り指針となるものであった。もちろんヴォリンガーの理論そのものは「抽象芸術」だけを問題としているわけではなく、その影響にしても、例えばドイツ表現主義の画家たちに対するそれはきわめて大きなものがあったが、少くとも抽象主義だけに関して言えば、それは実際に作品が生まれる前に、まずその基本的な原理を提供してくれたのである。

　それと同時に、伝統的な表現に対して思い切って反逆した多くの先輩や仲間たち、特にフランスのフォーヴィスムやキュビスムの画家たちの先例がカンディンスキーを刺戟したことも否定できない。対象を再現するためというよりも、色彩や形態そのものの表現力を自由に追求した点で、フランスの画家たちは彼には偉大な手本のように思われた。1910年に執筆され、その二年後に刊行された『芸術における精神的なるもの』と題する理論書のなかで、カンディンスキーはフランスの仲間を　②　評価し、

「マティス—色彩。ピカソ—形態。偉大なる目標への偉大なふたつの道しるべ」

と書き記している。

（高階秀爾『続名画を見る眼』岩波書店）

1　解答時間 1 分

文中の空欄　①　に入れることばとして、最も適切なものはどれか。

- A　空想
- B　具象
- C　抽象
- D　原始
- E　人物

2　解答時間 1 分

文中の空欄　②　に入れることばとして、最も適切なものはどれか。

- A　詳しく
- B　高く
- C　密かに
- D　控えめに
- E　理論的に

基本 練習問題の解答・解説

1 正解 C　速解の手引き　前後の対応関係を考える

1st step 不自然な日本語になる選択肢を消去する。

「対象を否定する」という修飾句が付いている。

➡ Bの「具象」絵画、Eの「人物」絵画は、具体的なものを描写する絵画。

➡ 修飾句と矛盾するので、BとEは消去。

「対象を否定する」➡ はっきりさせないこと

2nd step 対応関係に注目する＋長い文は文末から読む。

問題文	次の文
ヴォリンガーの美学は、 …□絵画の方向に…、 …指針となるものであった。	…ヴォリンガーの理論そのものは…、 …抽象主義だけに関して言えば、 …その基本的な原理を提供してくれた

以上の対応関係が頭の中で整理できれば、空欄には「抽象主義」に関係する語句が入ると推測できる。

よって、「抽象」が適切である。

2 正解 B　速解の手引き　前後の対応関係を考える

対応関係に注目する。

問題文	次の文
フランスの仲間を□評価し、	「マティス—色彩。ピカソ—形態。偉大なる目標への偉大なふたつの道しるべ」

「偉大なる目標」に対応するのは、「高く評価」する。

よって、「高く」が適切である。

8 長文読解②(語句・内容説明)

重要度 ★★★★★

例題

次の文章を読んで、問いに答えなさい。

　自然環境はそこにすむ人間の生活の資源である。どんな資源でも乱用すると、たちまちその反作用を受ける。大都市といわれる地域では、この自然環境の破壊が極端に進んで、公害現象をひきおこした。しかし、自然環境は、うまく管理してやれば、<u>自ら修復する能力</u>をもっている。自然環境保全は、この能力を助けてやることでなければならない。

　今、人びとが「自然」と呼んでいるものは、ほとんどすべてが作られた自然である。うっそうと繁っている山々の樹木も、白樺湖のような湖でも、多くのものが作られた自然なのである。人間によって手を加えられ、育てられた自然は、天然の自然以上に、自然らしいといえる。芝生は雑草を抜いてやらないとやがて草地になる。雑木林を放っておくと、何百年何千年ののちには原生林と呼ばれるものに変っていく。そんな遷移をたどった原生林は、手を触れると壊れるという。われわれにとって原生林もたしかに大切にしなければならない自然であるが、それ以上に、われわれの周りにある自然もかけがえのないものである。そして周辺にある自然は、十分に手を加えてつねに補修してやらねばならない。このことは、繰りかえしていうが、人間が自然を征服するのではなくて、人間と自然が調和するための叡知なのである。川も制御するものではなく、人間の側から順応・調和して守っていくものである。

（森下郁子『川の健康診断』日本放送出版協会）

[1] ⏱解答時間 **1分**

下線部「自ら修復する能力」の結果と考えられるものはどれか。
　ア　人間が育てた自然が、天然の自然以上に自然らしくなる
　イ　芝生の雑草を抜かないと草地になる
　ウ　雑木林に手を加えないと原生林になる

A　アだけ	**B**　イだけ	**C**　ウだけ
D　アとイ	**E**　アとウ	**F**　イとウ

🏃 スピード解法のポイント

問題となっている語句を言い換える
同一語句・関連語句に注目する

例題の解答・解説

[1] 正解 **F**　速解の手引き　**語句を言い換える**

1st step 問題となっている語句を言い換えてみる。

　　自ら修復する能力　＝　自然に元通りに戻る力

　　　　　　　　　　　💬 自ら（自分自身で）＋修復する
　　　　　　　　　　　　（つくろい直す）＋能力なので、
　　　　　　　　　　　　自然に、元通りに戻る力

2nd step 選択肢を検討する。

　ア　人間が育てた自然が、天然の自然以上に自然らしくなる
➡ いくら「自然らしく」なっても、元通りの「天然の自然」にはならないから、「自ら修復する能力」の結果とはいえない

　　　　　　💬 天然とは、人の手の加わらない状態をいう

➡ **誤り**

　イ　芝生の雑草を抜かないと草地になる
➡ 芝生が元通りの草地に戻るといえる ➡ **正しい**

　ウ　雑木林に手を加えないと原生林になる
➡ 雑木林も元の状態の森林、つまり原生林になるといえる
➡ **正しい**

よって、イとウが正しい。

基本 練習問題

次の文章を読んで、問いに答えなさい。

> しかしながら、外界の再現を完全に拒否した場合、絵画はともすれば、「ネクタイの柄か幾何学模様のような」装飾的なものに行きつく危険がある。カンディンスキーは早くからそのことに気がついていた。そこで、芸術が単なる装飾と区別されるためには、そこに芸術家の感動にもとづく「内的必然性」がなければならないとカンディンスキーは考える。優れた感受性に恵まれていたと同時に、きわめて知的な芸術家でもあったカンディンスキーは、早くからその考えを明確な理論のかたちで表明していた。
>
> すなわち、カンディンスキーによれば、芸術作品とは、内的要素と外的要素とのふたつの要素から成る。内的要素というのは、芸術家の魂の感じた感動であり、芸術家はその感動を、感覚を通して作品にまで造形化する。一方、観客（鑑賞者）は、逆にその造形化された作品を自己の感覚で受けとめて、自己の魂の中に芸術家の感じたような感動を体験する。この両方の感動がなければ、芸術は成立しない。この点では、絵画芸術も音楽とまったく同じで、どちらも「伝達」にほかならないのである。
>
> （高階秀爾『続名画を見る眼』岩波書店〔一部改変〕）

1 解答時間1分

カンディンスキーによれば芸術を単なる装飾と区別するものはどれか。

- ア　内的必然性
- イ　優れた感受性
- ウ　明確な理論

- A　アだけ
- B　イだけ
- C　ウだけ
- D　アとイ
- E　アとウ
- F　イとウ
- G　アとイとウ

2 解答時間1分

下線部「内的要素」として適切なものはどれか。

- ア　芸術家の感じた感動
- イ　造形化された芸術家の感覚
- ウ　鑑賞者の魂

- A　アだけ
- B　イだけ
- C　ウだけ
- D　アとイ
- E　アとウ
- F　イとウ
- G　アとイとウ

練習問題の解答・解説

1 正解 A　**速解の手引き** 関連語句に注目する

1st step 関連語句を探す。

設問の「芸術を単なる装飾と区別する」という語句と同一または関連する語句を、問題文中から探す。

> 第1段落　第3文
>
> 芸術が単なる装飾と区別されるためには、そこに芸術家の感動にもとづく「内的必然性」がなければならないとカンディンスキーは考える。

2nd step 選択肢を検討する。

- ア　内的必然性 ➡ **正しい**
- イ　優れた感受性 ➡ 上の文に書かれていない ➡ **誤り**
- ウ　明確な理論 ➡ 上の文に書かれていない ➡ **誤り**

（明記されていないことは消去する）

2 正解 A　**速解の手引き** 関連語句に注目する

1st step 関連語句を探す。

設問の「内的要素」という語句と同一または関連する語句を、問題文中から探す。

> 第2段落　第2文
>
> 内的要素というのは、芸術家の魂の感じた感動であり、芸術家はその感動を、感覚を通して作品にまで造形化する。

2nd step 選択肢を検討する。

- ア　芸術家の感じた感動 ➡ **正しい**
- イ　造形化された芸術家の感覚 ➡ 「造形化」されるのは、「感動」であり、「感覚」ではない ➡ **誤り**

（紛らわしい表現もあるので、細部もよく見よう）

- ウ　鑑賞者の魂 ➡ 上の文に書かれていない ➡ **誤り**

長文読解②（指示語）

重要度 ★★★★★

✎ 指示語の問題も頻出です。深読みしすぎて間違える危険があるので注意しましょう。

例題

次の文章を読んで、問いに答えなさい。

> 　今、人びとが「自然」と呼んでいるものは、ほとんどすべてが作られた自然である。うっそうと繁っている山々の樹木も、白樺湖のような湖でも、多くのものが作られた自然なのである。人間によって手を加えられ、育てられた自然は、天然の自然以上に、自然らしいといえる。芝生は雑草を抜いてやらないとやがて草地になる。雑木林を放っておくと、何百年何千年ののちには原生林と呼ばれるものに変っていく。そんな遷移をたどった原生林は、手を触れると壊れるという。われわれにとって原生林もたしかに大切にしなければならない自然であるが、<u>それ</u>以上に、われわれの周りにある自然もかけがえのないものである。そして周辺にある自然は、十分に手を加えてつねに補修してやらねばならない。このことは、繰りかえしていうが、人間が自然を征服するのではなくて、人間と自然が調和するための叡知なのである。川も制御するものではなく、人間の側から順応・調和して守っていくものである。
>
> （森下郁子『川の健康診断』日本放送出版協会）

1　🕐 解答時間 **1分**

「それ」が示すものとして最も適切なものはどれか。

- **A** 作られた自然
- **B** 育てられた自然
- **C** 雑木林
- **D** 原生林
- **E** 大切にしなければならない自然

🏃 スピード解法のポイント

いちばん近くの候補から代入する

- なるべく近い候補から順に代入していき、意味の通る文になれば、それが正解

例題の解答・解説

[1] **正解 D**　速解の手引き　候補を探して代入する

1st step いちばん手近な候補を探す。
「それ」の前で、いちばん近くにある候補は、E「大切にしなければならない自然」。

2nd step 指示語に、候補を代入する。
「それ」の部分に「大切にしなければならない自然」を入れて読んでみる。

> 大切にしなければならない自然以上に、われわれの周りにある自然もかけがえのないものである。

➡ この文では、「大切にしなければならない自然」と「周りにある自然」が比較対照されている。
➡ また、この文では「周りにある自然」も大切だ（「かけがえのない」）といっているので、「周りにある自然」は「大切にしなければならない自然」の一部になる。
➡ しかし、全体がその一部と比較されるのはおかしい

（たとえば、「猫はペルシャ猫よりかわいい」「ヨーロッパはフランスより豊かだ」はおかしい）

したがって、「大切にしなければならない自然」は**誤り**。

3rd step 次の候補を代入してみる。
2番目に指示語の近くにある候補はD「原生林」。
「それ」の部分に、「原生林」を入れて読んでみる。

> 原生林以上に、われわれの周りにある自然もかけがえのないものである。

➡ 「原生林」と「周りにある自然」との対比は可能であり明確なので、**正しい**。

基本 練習問題

次の文章を読んで、問いに答えなさい。

> しかしながら、外界の再現を完全に拒否した場合、絵画はともすれば、「ネクタイの柄か幾何学模様のような」装飾的なものに行きつく危険がある。カンディンスキーは早くからそのことに気がついていた。そこで、芸術が単なる装飾と区別されるためには、そこに芸術家の感動にもとづく「内的必然性」がなければならないとカンディンスキーは考える。優れた感受性に恵まれていたと同時に、きわめて知的な芸術家でもあったカンディンスキーは、早くから<u>その考え</u>を明確な理論のかたちで表明していた。
> すなわち、カンディンスキーによれば、芸術作品とは、内的要素と外的要素とのふたつの要素から成る。内的要素というのは、芸術家の魂の感じた感動であり、芸術家はその感動を、感覚を通して作品にまで造形化する。一方、観客（鑑賞者）は、逆にその造形化された作品を自己の感覚で受けとめて、自己の魂の中に芸術家の感じたような感動を体験する。この両方の感動がなければ、芸術は成立しない。この点では、絵画芸術も音楽とまったく同じで、<u>どちらも</u>「伝達」にほかならないのである。
>
> （高階秀爾『続名画を見る眼』岩波書店〔一部改変〕）

1 解答時間 **1**分

下線部「その考え」の内容として適切なものはどれか。

　ア　絵画が装飾的なものに行きつく危険があるということ
　イ　芸術には芸術家の感動にもとづく「内的必然性」がなければならないということ
　ウ　芸術を単なる装飾と区別しなければならないということ

A　アだけ　　B　イだけ　　C　ウだけ
D　アとイ　　E　アとウ　　F　イとウ
G　アとイとウ

2 解答時間 **1**分

下線部「どちらも」に含まれるものはどれか。

　ア　芸術家が感じた感動
　イ　芸術
　ウ　音楽

A　アだけ　　B　イだけ　　C　ウだけ
D　アとイ　　E　アとウ　　F　イとウ
G　アとイとウ

基本 練習問題の解答・解説

1 正解 B　速解の手引き　候補を探して代入する

1st step いちばん手近な候補を探す。
➡選択肢の中でいちばん近くにある候補はイ。

「その」という指示語は前の部分を示す

文章を読んでいるときに指示語が出てきたら、当てはまるものに見当をつけながら読む

2nd step 指示語に、候補を代入する。
「その考え」に選択肢イを入れて読んでみる。

> 優れた感受性に恵まれていたと同時に、きわめて知的な芸術家でもあったカンディンスキーは、早くから芸術には芸術家の感動にもとづく「内的必然性」がなければならないということを明確な理論のかたちで表明していた。

➡文の意味が通るので、正しい。

2 正解 C　速解の手引き　候補を探して代入する

1st step いちばん手近な候補を探す。
「どちらも」ということは、2つあることを示す。
➡いちばん近くの2つの候補は、「絵画芸術」と「音楽」。

2nd step 指示語に、候補を代入する。
「どちらも」にこれらを入れて読んでみる。

> この点では、絵画芸術も音楽とまったく同じで、絵画芸術も音楽も「伝達」にほかならないのである。

➡文の意味が通るので、「どちらも」には「音楽」が含まれる。

選択肢の「芸術」を「絵画芸術」と間違えないように注意！
選択肢で当てはまるのは「音楽」

3章　言語能力問題　8 長文読解②（指示語）

9 長文読解③(内容一致)

重要度 ★★★★★

✎ 内容一致の問題もほぼ確実に出題されます。問題文全体を一度読み通さなければなりませんが、あわてる必要はありません。

例題

次の文章を読んで、問いに答えなさい。

　かつて人びとは、川の状況に合った生活をしていた。川は、ときに氾濫したが、そのたびに栄養分を平地に供給し、農耕文化を栄えさせた。ところが土木技術の進歩で、川には堤防が築かれ、それも流れがみえないほど高くなるにつれて、人びとと川との距離はしだいに遠く隔たっていった。堤防のない小川には危険防止のサクがめぐらされ、人と川との接触を妨げている。人と魚たちとのかかわりあいでも、今は漁業権というのがあって、むやみに近づけない仕組みだ。人の生活の近代化は、こうして人と川とを切り離してきた。人びとは川が生活の基盤であることを忘れ、いのちの母であることを思わなくなった。人々は川を軽視し、汚れものを平気で捨てた。かつて川をいとおしんでいた人間は、ついに川をいじめる側に立ってしまった。

　ここで反省が起こった。川を守れ、自然を保護せよ、という運動である。自然をいじめる人びとの方がまだまだ圧倒的に多い現状では、これらの運動は大いに意義のあることである。だが、自然という言葉は、使われ方によっては意味が違ってくる。「自然」には、人間の手の加わった人工物に対する意味での「自然」と、人間の生活環境の一環としての「自然」とがある。前者を「原生自然」または「原始自然」といい、後者は「自然環境」と呼んでいる。自然保護という場合も、前者は原生自然保護、後者は自然環境保全という使い分けをする。

　自然環境はそこにすむ人間の生活の資源である。どんな資源でも乱用すると、たちまちその反作用を受ける。大都市といわれる地域では、この自然環境の破壊が極端に進んで、公害現象をひきおこした。しかし、自然環境は、うまく管理してやれば、自ら修復する能力をもっている。自然環境保全は、この能力を助けてやることでなければならない。

　今、人びとが「自然」と呼んでいるものは、ほとんどすべてが作られた自

然である。うっそうと繁っている山々の樹木も、白樺湖のような湖でも、多くのものが作られた自然なのである。人間によって手を加えられ、育てられた自然は、天然の自然以上に、自然らしいといえる。芝生は雑草を抜いてやらないとやがて草地になる。雑木林を放っておくと、何百年何千年ののちには原生林と呼ばれるものに変っていく。そんな遷移をたどった原生林は、手を触れると壊れるという。われわれにとって原生林もたしかに大切にしなければならない自然であるが、それ以上に、われわれの周りにある自然もかけがえのないものである。そして周辺にある自然は、十分に手を加えてつねに補修してやらねばならない。このことは、繰りかえしていうが、人間が自然を征服するのではなくて、人間と自然が調和するための叡知なのである。川も制御するものではなく、人間の側から順応・調和して守っていくものである。

（森下郁子『川の健康診断』日本放送出版協会）

1 解答時間 1分30秒

本文の内容と一致するものは、次のうちどれか。

ア　川を汚染から守るためにサクが設けられた
イ　原生林を保護することはできない
ウ　現在の「自然」には、ほとんど人の手が加わっている

A アだけ　　**B** イだけ　　**C** ウだけ
D アとイ　　**E** アとウ　　**F** イとウ

スピード解法のポイント

各選択肢と問題文中の同一表現・関連表現を探し出す

- 選択肢の中の特徴的なことば（キーワード）を探す
- 内容一致ではなく主旨（筆者がいちばん主張したいこと）が問われることもある
- 内容一致とは異なり、文中に同じ記述があっても主旨とは限らないので注意する

例題の解答・解説

1 正解 C　速解の手引き　選択肢と文中のキーワードを見つける

1st step　各選択肢の中の特徴的なことば（キーワード）に印をつける。

ア　川を汚染から守るために サク が設けられた
イ　原生林 を 保護 することはできない
ウ　現在の「自然」には、ほとんど人の手が加わっている

> キーワードと思われるものに、下線を引くか丸で囲む

2nd step　問題文中から、各選択肢のキーワードと同一表現もしくは関連表現を探す。

ア　川を汚染から守るために サク が設けられた

第1段落　第4文
堤防のない小川には危険防止のサクがめぐらされ、人と川との接触を妨げている。

➡ 「川の汚染防止のために」とは述べられていない
➡ **誤り**

イ　原生林 を 保護 することはできない

第2段落　最終文
自然保護という場合も、前者は原生自然保護、後者は自然環境保全という使い分けをする。

➡ 「保護することはできない」とは書いていない
➡ **誤り**

ウ　現在の「自然」には、ほとんど人の手が加わっている

第4段落　第1文
今、人びとが「自然」と呼んでいるものは、ほとんどすべてが作られた自然である。

➡ 「人の手が加わっている」自然は「作られた自然」と言える
➡ **正しい**

よって、本文の内容と一致するのはウだけである。

練習問題

次の文章を読んで、問いに答えなさい。

　ヴォリンガーは、芸術的表現において「抽象への意志」は、外界の事物の再現による創造活動と同じように人間にとって本来的なものであり、循環的に繰り返し見られる歴史現象だということを明らかにした。すなわち、彼は「抽象芸術」とは、例えばアラビアの建築装飾や東洋芸術のある種のものに見られるように、過去の作品において何回となく実際に例が見られるものであるのみならず、それは、再現による芸術表現と同じくらい、人間にとって本質的な活動だということを、多くの実例と明快な論理によって証明して見せたのである。

　このヴォリンガーの美学は、対象を否定する抽象絵画の方向に向いつつあったカンディンスキーにとっては、文字通り指針となるものであった。もちろんヴォリンガーの理論そのものは「抽象芸術」だけを問題としているわけではなく、その影響にしても、例えばドイツ表現主義の画家たちに対するそれはきわめて大きなものがあったが、少なくとも抽象主義だけに関して言えば、それは実際に作品が生まれる前に、まずその基本的な原理を提供してくれたのである。

　それと同時に、伝統的な表現に対して思い切って反逆した多くの先輩や仲間たち、特にフランスのフォーヴィスムやキュビスムの画家たちの先例がカンディンスキーを刺戟したことも否定できない。対象を再現するためというよりも、色彩や形態そのものの表現力を自由に追求した点で、フランスの画家たちは彼には偉大な手本のように思われた。1910年に執筆され、その二年後に刊行された『芸術における精神的なるもの』と題する理論書のなかで、カンディンスキーはフランスの仲間を高く評価し、

　「マティス―色彩。ピカソ―形態。偉大なる目標への偉大なふたつの道しるべ」

と書き記している。

　しかしながら、外界の再現を完全に拒否した場合、絵画はともすれば、「ネクタイの柄か幾何学模様のような」装飾的なものに行きつく危険がある。カンディンスキーは早くからそのことに気がついていた。そこで、芸術が単なる装飾と区別されるためには、そこに芸術家の感動にもとづく「内的必然性」がなければならないとカンディンスキーは考える。優れた感受性に恵まれて

いたと同時に、きわめて知的な芸術家でもあったカンディンスキーは、早くからその考えを明確な理論のかたちで表明していた。

　すなわち、カンディンスキーによれば、芸術作品とは、内的要素と外的要素とのふたつの要素から成る。内的要素というのは、芸術家の魂の感じた感動であり、芸術家はその感動を、感覚を通して作品にまで造形化する。一方、観客（鑑賞者）は、逆にその造形化された作品を自己の感覚で受けとめて、自己の魂の中に芸術家の感じたような感動を体験する。この両方の感動がなければ、芸術は成立しない。この点では、絵画芸術も音楽とまったく同じで、どちらも「伝達」にほかならないのである。

（高階秀爾『続名画を見る眼』岩波書店〔一部改変〕）

1　解答時間 **3** 分

本文の内容と一致するものは、次のうちどれか。

　ア　ヴォリンガーは、抽象芸術は人間にとって本質的な活動であると主張した
　イ　カンディンスキーはマティスやピカソを尊敬していた
　ウ　カンディンスキーによれば、芸術作品は、感動と芸術理論というふたつの要素から成る

A　アだけ　　　B　イだけ　　　C　ウだけ
D　アとイ　　　E　アとウ　　　F　イとウ
G　アとイとウ

ヒント

長文読解は、文章が長い割りに解答時間が短いので、スピード解法のポイントを参考にして手早く解くように

練習問題の解答・解説

1 正解 D

速解の手引き 選択肢と文中のキーワードを見つける

1st step 各選択肢の中の特徴的なことば（キーワード）に印をつける。

ア　ヴォリンガーは、抽象芸術は人間にとって本質的な活動であると主張した

イ　カンディンスキーはマティスやピカソを尊敬していた

ウ　カンディンスキーによれば、芸術作品は、感動と芸術理論というふたつの要素から成る

2nd step 同一表現を問題文中から探す。長い文は後ろから読む。

ア　ヴォリンガーは、抽象芸術は人間にとって本質的な活動であると主張した

第1段落　第2文	
「抽象芸術」とは	…過去の作品において何回となく実際に例が見られるものであるのみならず
それは	…、人間にとって本質的な活動だ

➡ 「それは」の「それ」は「抽象芸術」を示す
➡ **正しい**

イ　カンディンスキーはマティスやピカソを尊敬していた

第3段落　最終文
カンディンスキーは…「マティス―色彩。ピカソ―形態。偉大なる目標への偉大なふたつの道しるべ」と書き記している

➡ 「偉大なふたつの道しるべ」は尊敬の表現
➡ **正しい**

ウ　カンディンスキーによれば、芸術作品は、感動と芸術理論というふたつの要素から成る

最終段落　第1文
芸術作品とは、内的要素と外的要素とのふたつの要素から成る

➡ 「外的要素」が芸術理論であるとは書いていない
➡ **誤り**

10 長文読解④（総合）

重要度 ★★★★★

総合問題（1）

次の文章を読んで、問いに答えなさい。

　実存主義の創唱者と見られ得るキェルケゴールは、われわれが、単に客観的な真理、　①　　数学とか科学とかの真理を求める場合には、ただ対象の真理性ということが問題となるにすぎないが、実存的な真理すなわち実存としての生き方を問題とする場合には、対象そのものの真理が問題なのではなく、対象に対する個人の関係ということが問題となる、したがってたとえその対象が真理でなくても、この対象に対する個人の関係が真実であるならば、その時実存的真理は成立すると述べています。そして神の認識について次のような例をあげています。「もしキリスト教の〔行なわれている地方の〕まん中に生きているある人が、神についての真の表象を知識として持って神の堂へ、真の神の堂へ行き、そして祈る、だが虚偽で祈るとする、そして他方、もしある人が偶像崇拝の土地に生きているが、無限性の全情熱を以て祈る──その眼は偶像に向けられているとしても。このような場合どこに一番多くの真理があるか。一方は偶像を崇めているとはいえ真実に神に祈っている。他方は　②　　を虚偽で崇めている。したがって本当は偶像を崇めているのである。」すなわち、キェルケゴールの考えによると、われわれが実存として生きてゆく限り、重要なのはわれわれが自分の行為に対してまじめな態度を取るということです。われわれはまじめに行為し、その行為に対してどこまでも責任を負おうとしなければなりません。しかしわれわれがこのような真剣な主体的な態度を取りさえすれば、その際その行為の内容が果たして客観的に正しいかどうかは問題ではないといわばなりません。むしろ行為の内容が客観的に正しいかどうかという問題は生じ得ないのです。なぜなら、すべての人間に対して妥当する普遍的な正しい生き方というものは存し得ないと考えられているからです。われわれはひとりひとりその独自の生き方をしてゆかねばなりません。そして自分の選んだその生き方がたとえ他人によって是認されないとしても、それがまじめな意志によって選ばれたものである以上、それでさしつかえないのです。このように考えれば、たとえわれわ

れがいわしの頭を信心しているとしても、それがまじめな信心であれば、非難される理由は少しもないということになります。問題はまじめな主観的信念があるかどうかであり、何が正しいかを客観的に示すべき哲学は存し得ない、ということになるわけです。キェルケゴール自身はキリスト教的な宗教的生き方を最高のものと考えました。しかしこの生き方が最高だということは決してそれが普遍的であるということではありません。むしろキェルケゴールは宗教的生き方こそ最も個別的な生き方、それぞれの独自の生き方を要求するものと考えていたのでした。

（岩崎武雄『哲学入門―現代の人間観』有信堂〔一部改変〕）

1 解答時間 30 秒

空欄 ① に入れることばとして最も適切なものはどれか。

- A したがって
- B ただし
- C たとえば
- D 一方
- E そして

2 解答時間 1 分

空欄 ② に入れることばとして最も適切なものはどれか。

- A 真の神
- B 偶像
- C キリスト教
- D 真理
- E 無限

3 解答時間 30 秒

下線部「それ」が示す内容として最も適切なものはどれか。

- A 主体的な態度
- B 行為の内容
- C 自分の行為
- D 自分の選んだ生き方
- E 信心

長文読解①〜③の「スピード解法のポイント」を確認しよう！

総合問題（1）の解答・解説

1 正解 C　速解の手引き 空欄の前後の文の関係を考える

> **関連部分（1〜3行目）**
>
> …われわれが、単に客観的な真理、　①　数学とか科学とかの真理を求める場合には、ただ対象の真理性ということが問題となるにすぎないが、…

接続語の空欄補充の問題は空欄の前後のつながりに注目！

「数学とか科学とかの真理」は、個人の気持（＝主観）とは無関係に成立するので、「客観的な真理」の一例。
➡「例示」を示す接続語は「たとえば」← p.207の表参照

2 正解 A　速解の手引き 文中の表現の対応関係を考える

> **関連部分（8〜14行目）**
>
> …もしキリスト教の〔行なわれている地方の〕まん中に生きているある人が、神についての真の表象を知識として持って神の堂へ、真の神の堂へ行き、そして祈る、だが虚偽で祈るとする、そして他方、もしある人が偶像崇拝の土地に生きているが、無限性の全情熱を以て祈る―その眼は偶像に向けられているとしても。このような場合どこに一番多くの真理があるか。一方は偶像を崇めているとはいえ真実に神に祈っている。他方は　②　を虚偽で崇めている。…

語句の空欄補充の問題は、対応関係に注意

この文から対応関係を読み取る。

他方、もしある人が偶像崇拝の土地に生きているが、無限性の全情熱を以て祈る　⇕　一方は偶像を崇めているとはいえ真実に神に祈っている	ある人が…真の神の堂へ行き、そして祈る、だが虚偽で祈る　⇩　他方は　②　を虚偽で崇めている

空欄には「真の神の堂へ行き、そして祈る、だが虚偽で祈る」と同様の意味の語句が入る。
よって、「真の神」が**正しい**。

> 「真実に神に祈っている」と「　②　を虚偽で崇めている」との対比だけで速断して、「神」に対してB「偶像」と解答しないこと
> 前後の文の対応関係を考慮すれば、Bはおかしいとわかる

[3] 正解 **D**　　速解の手引き　指示語に近い場所にあるものを考える

関連部分（24〜28行目）

…そして自分の選んだその生き方がたとえ他人によって是認されないとしても、それがまじめな意志によって選ばれたものである以上、それでさしつかえないのです。このように考えれば、たとえわれわれがいわしの頭を信心しているとしても、それがまじめな信心であれば、非難される理由は少しもないということになります。…

> 「それ」は通常、前の部分を受ける
> ⇒後ろにある選択肢は除外してよい

選択肢の中でいちばん近い場所にある語句は、D「自分の選んだ生き方」なので、これを「それ」に入れて読む。

> 指示語の問題は、選択肢のうち最も近い場所にある語句から入れて読み、意味が通れば、それが正解

自分の選んだ生き方がまじめな意志によって選ばれたものである以上、それでさしつかえないのです。

> 限られた時間内で解答するためには、すべての選択肢を当てはめて時間をロスするのを避け、可能性の高いものから考えるのがベスト！

➡意味が通るので、D「自分の選んだ生き方」は**正しい**。

総合問題（2）

総合問題（1）の文章を読んで、問いに答えなさい。

4 解答時間 **1**分

「その対象が真理でなくても、この対象に対する個人の関係が真実である」とあるが、その例として適切なものは次のうちどれか。

　　ア　偶像を真剣に拝む
　　イ　正しい行為を一生懸命行う
　　ウ　いわしの頭をまじめに信心する

A アだけ　　　　**B** イだけ　　　　**C** ウだけ
D アとイ　　　　**E** アとウ　　　　**F** イとウ

5 解答時間 **1**分

「この生き方が最高だということは決してそれが普遍的であるということではありません」とあるが、その理由としてキェルケゴールが考えていたものは次のうちどれか。

　　ア　キリスト教はキリスト教徒以外の人によっては是認されないから
　　イ　信心には非難される理由が少しもないから
　　ウ　すべての人間に対して妥当する普遍的な正しい生き方はないから

A アだけ　　　　**B** イだけ　　　　**C** ウだけ
D アとイ　　　　**E** アとウ　　　　**F** イとウ

　　　　　　　　　※キェルケゴールとは、デンマークの哲学者で、実存主義の先駆者。
　　　　　　　　　　著作に『あれか、これか』『不安の概念』『死に至る病』など。

総合問題（2）の解答・解説

[4] 正解 E　速解の手引き　問題の語句を言い換えてみて例を探す

関連部分（5～13行目）

したがってたとえ<u>その対象が真理でなくても、この対象に対する個人の関係が真実である</u>ならば、その時実存的真理は成立すると述べています。そして神の認識について 次のような例 をあげています。「もしキリスト教の〔行なわれている地方の〕まん中に生きているある人が、神についての真の表象を知識として持って神の堂へ、真の神の堂へ行き、そして祈る、だが虚偽で祈るとする、そして他方、もしある人が偶像崇拝の土地に生きているが、無限性の全情熱を以て祈る―その眼は偶像に向けられているとしても。このような場合どこに一番多くの真理があるか。

> 語句の意味・内容の問題は、以下のようにして考える
> ● 問題の語句を言い換えてみる
> ● 同一語句・関連語句に注目する
> ● 例を探す

「その対象が真理でなくても、この対象に対する個人の関係が真実である」について、例を参考にわかりやすい表現に<u>言い換えてみる</u>。
➡「対象が偶像のような意味のないものであっても、その対象に対してまじめに接する」

> 偶像とは、神や仏をかたどった木や石などの彫像

ア　偶像を真剣に拝む
➡ もちろん偶像を拝んでも何も効果はない。
しかし「偶像を真剣に拝む」ということは、無意味な対象に対してもまじめであること。
➡ <u>正しい</u>

> 「偶像＝無意味な対象」となる

イ　正しい行為を一生懸命行う
➡「<u>正しい行為</u>」<u>は無意味とはいえない</u>。さらに、「その対象が真理でなくても」の部分に合わない。
➡ <u>誤り</u>

ウ　いわしの頭をまじめに信心する

➡ もちろん「いわしの頭」は拝んでも何も効果はない。しかし「まじめに信心する」ということは、対象が無意味でもそれに対してまじめといえる。

「いわしの頭＝無意味な対象」

➡ 正しい

5　正解 C　　速解の手引き　同一語句・関連語句に注目して理由を探す

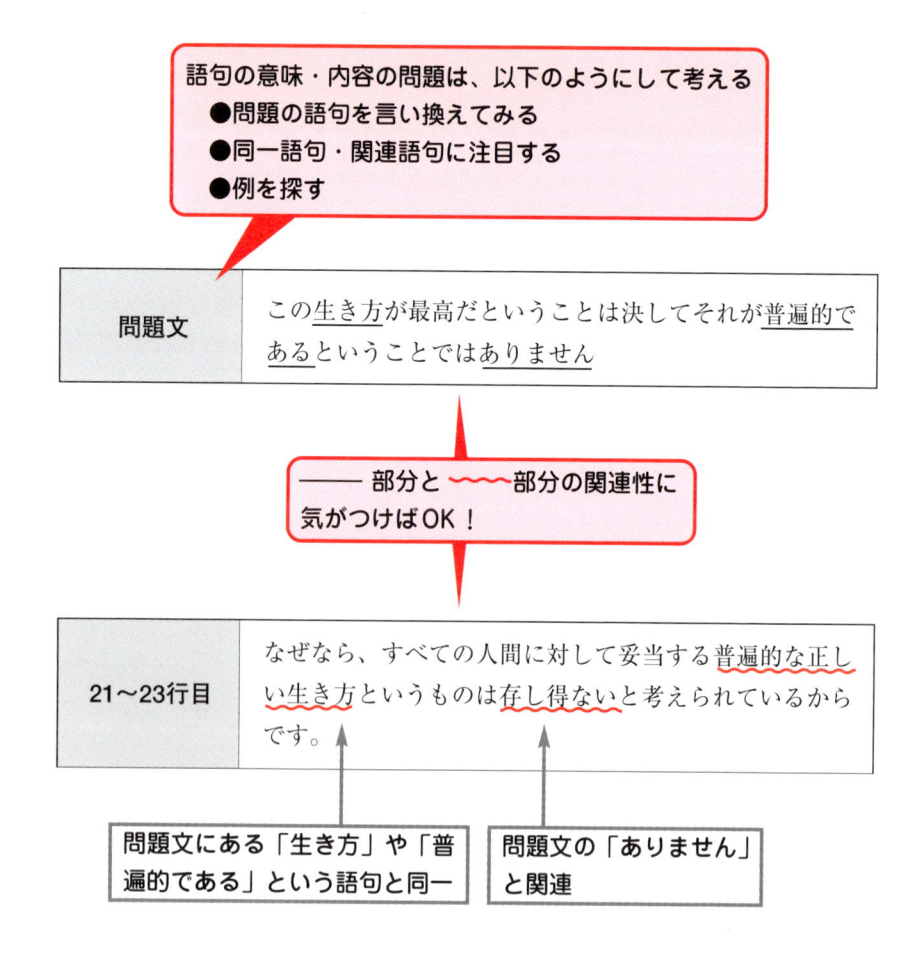

語句の意味・内容の問題は、以下のようにして考える
- ●問題の語句を言い換えてみる
- ●同一語句・関連語句に注目する
- ●例を探す

| 問題文 | この生き方が最高だということは決してそれが普遍的であるということではありません |

―― 部分と ～～～ 部分の関連性に気がつけばOK！

| 21〜23行目 | なぜなら、すべての人間に対して妥当する普遍的な正しい生き方というものは存し得ないと考えられているからです。 |

問題文にある「生き方」や「普遍的である」という語句と同一

問題文の「ありません」と関連

同一語句・関連語句に注目してこの2文の関連性に気づけば、ウが正しいとわかる。

総合問題(3)

総合問題(1)の文章を読んで、問いに答えなさい。

[6] 解答時間 1分30秒

本文の内容と一致するものは、次のうちどれか。

 ア　キェルケゴールは、自分が真剣に考えて選んだ生き方ならば人から非難されてもかまわないと考えていた
 イ　キェルケゴールは、キリスト教徒として生きることが最善と思っていた
 ウ　まじめに行為していれば、その結果に責任を負う必要はないとキェルケゴールは考えていた

A　アだけ　　　B　イだけ　　　C　ウだけ
D　アとイ　　　E　アとウ　　　F　イとウ

ヒント

　言語能力問題の解答時間は30分です。語句問題は32問前後、長文問題は3～4問（長文1問について小問が5～6問）です。

　そう考えると、語句問題は1問10～20秒、長文問題は1問6～8分（読むのに2～3分、解答に4～5分）で解く必要があります。

　時間配分に気を配り、時間切れになってしまわないように、十分注意しましょう。

総合問題（3）の解答・解説

6 正解 D　速解の手引き 選択肢と文中のキーワードを見つける

ア　キェルケゴールは、自分が真剣に考えて選んだ生き方ならば人から非難されてもかまわないと考えていた

> **関連部分（24〜26行目）**
> そして自分の選んだその生き方がたとえ他人によって是認されないとしても、それがまじめな意志によって選ばれたものである以上、それでさしつかえないのです。

➡ **正しい**

内容一致の問題は、問題文中から同一表現・関連表現を探し出す
- 他人によって是認されないとしても＝人から非難されても
- まじめな意志によって選ばれたものである以上＝真剣に考えて選んだ生き方ならば
- さしつかえない＝かまわない

イ　キェルケゴールは、キリスト教徒として生きることが最善と思っていた

> **関連部分（30〜31行目）**
> キェルケゴール自身はキリスト教的な宗教的生き方を最高のものと考えました。

➡ **正しい**

キリスト教的な宗教的生き方を最高のものと考え＝キリスト教徒として生きることが最善と思って

ウ　まじめに行為していれば、その結果に責任を負う必要はないとキェルケゴールは考えていた

> **関連部分（17〜18行目）**
> われわれはまじめに行為し、その行為に対してどこまでも責任を負おうとしなければなりません。

➡ **誤り**

責任を負おうとしなければならない⇔責任を負う必要はない

4章

オプション検査

1. 構造的把握力①（文章問題）
2. 構造的把握力②（文の構造）
3. 英語能力検査①（語彙）
4. 英語能力検査②（空欄補充・誤文訂正）
5. 英語能力検査③（連立完成・和文英訳）
6. 英語能力検査④（長文読解）

1 構造的把握力① (文章問題)

重要度 ★★★☆☆

例題

1 解答時間 1分30秒

次のア～エのうち、問題の構造が似ているものの組み合わせを1つ選びなさい。

ア　ある会社の社員180人のうち非正規社員が25％を占め、派遣社員はそのうちの40％である。派遣社員は全部で何人か。

イ　ある美術館に展示してある全絵画のうち $\frac{2}{5}$ が日本画で、その数は28点であった。この美術館に展示されている絵画は全部で何点か。

ウ　売り場面積の3割が雑誌売り場の書店が、売り場全体を1割拡張し、その部分を雑誌売り場にあてると、雑誌売り場は総売り場面積の何割を占めるか。

エ　P市の65歳以上の高齢者は4万2000人で総人口の21％を占める。P市の総人口は何人か。

A　アとイ　　　B　アとウ　　　C　アとエ
D　イとウ　　　E　イとエ　　　F　ウとエ

スピード解法のポイント

文章問題が4つ出され、構造が似た問題を2つ選ぶ

- 「構造が似ている」とは、「解答を導く手順が同じ」ということ
- 数学の問題であれば、「計算式が同じ」ということ

例題の解答・解説

1 正解 E　**速解の手引き** 解を求める計算式を作る

1st step　図を描いて情報を整理する

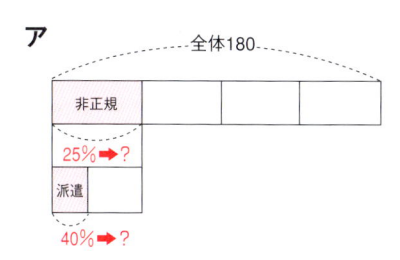

> いずれも計算式が鍵となるので、計算までする必要はない

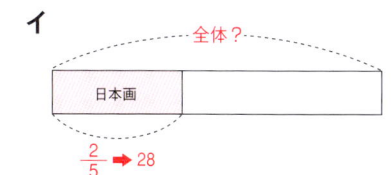

ア
- 全体180
- 非正規 25% → ?
- 派遣 40% → ?

求めるのは派遣社員の人数（部分）なので、
部分＝全体×割合の公式を使う。
非正規社員の人数 $= 180 \times \dfrac{25}{100} = 45$
派遣社員の人数 $= 45 \times \dfrac{40}{100} = 18$

イ
- 全体？
- 日本画　$\dfrac{2}{5}$ → 28

求めるのは全絵画の点数（全体）なので、
全体＝部分÷割合の公式を使う。
$28 \div \dfrac{2}{5} = 70$

> 部分の数値を割合で割れば、全体の数値が導き出せる

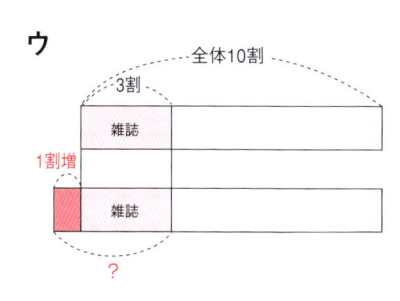

ウ
- 全体10割
- 3割 雑誌
- 1割増　雑誌　？

求めるのは雑誌売り場の割合で、
最初の売り場面積を10とすると、
拡張後は11となる。
最初の総売り場：雑誌売り場＝10：3
拡張後の総売り場：雑誌売り場＝11：4
割合＝部分÷全体×100の公式を使うと、
$4 \div 11 \times 100 = 36.36\cdots$

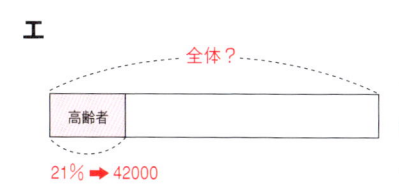

エ
- 全体？
- 高齢者　21% → 42000

求めるのは総人口数（全体）なので、
全体＝部分÷割合の公式を使う。
$42000 \div \dfrac{21}{100} = 200000$

2nd step　問題の構造が似ている組み合わせを選ぶ

すべて割合に関する問題だが、求める対象が、
アは「部分」、**イ**と**エ**は「全体」、**ウ**は「割合」である。
したがって、問題の構造が似ている組み合わせは、**イとエ**。

基本 練習問題

1 解答時間 1分30秒

次のア〜エのうち、問題の構造が似ているものの組み合わせを1つ選びなさい。

ア　あるパーティーでは、女性の会費が4000円で男性が5500円だった。参加者が全部で40名、会費の総額が187000円だったとすると、女性の参加者は何人か。

イ　企業説明会に参加した65人の志願者に対して集団面接を行うことになった。1組の人数は5人か6人である。5人のグループが7組だったとき、6人のグループは何組か。

ウ　友だち何人かで旅行に行き、全員の交通費の合計が41500円になった。往路は電車で1人4800円の運賃がかかり、復路はバスで1人3500円の運賃がかかった。旅行に行ったのは何人か。

エ　歳末セールで、1200円の赤ワインと1100円の白ワインを合わせて280本売り、総売り上げは328000円だった。赤ワインは何本売り上げたか。

A アとイ	**B** アとウ	**C** アとエ
D イとウ	**E** イとエ	**F** ウとエ

ヒント

設問文に登場する項目(「女性」「男性」、「5人組」「6人組」、「電車」「バス」、「赤ワイン」「白ワイン」)にかかわる数値の関係を考えよう。

練習問題の解答・解説

1 正解 C　速解の手引き　解を求める計算式を作る

1st step　表を作って情報を整理する

不明な数値はxやyとおく。

ア

	女性	男性	合計
人数	x	y	40
会費	4000	5500	
合計	$4000x$	$5500y$	187000

> いずれも計算式が鍵となるので、方程式を解く必要はない

連立方程式で解くと、
$$\begin{cases} x+y=40 \\ 4000x+5500y=187000 \\ \therefore x=22 \end{cases}$$

イ

	5人組	6人組	合計
組数	7	x	?
人数	5	6	
合計	35	$6x$	65

> 計算式に不要な数値は空欄のままでよい

方程式で解くと、
$35+6x=65$
$\therefore x=5$

ウ

	電車	バス	合計
人数	x	x	
運賃	4800	3500	8300
合計	$4800x$	$3500x$	41500

方程式で解くと、
$4800x+3500x=41500$
$\therefore x=5$

エ

	赤ワイン	白ワイン	合計
本数	x	y	280
値段	1200	1100	
合計	$1200x$	$1100y$	328000

連立方程式で解くと、
$$\begin{cases} x+y=280 \\ 1200x+1100y=328000 \\ \therefore x=200 \end{cases}$$

2nd step　問題の構造が似ている組み合わせを選ぶ

イと**ウ**は不明な数値が1つ、**ア**と**エ**は不明な数値が2つある。**イ**と**ウ**は求め方が異なるが、**ア**と**エ**は個数と値段の連立方程式になる。

したがって、問題の構造が似ている組み合わせは、**ア**と**エ**。

2 構造的把握力②（文の構造）

重要度 ★★★☆☆

例題

1 解答時間 **1**分

次のア～オは、あるスーパーマーケットに寄せられた顧客の意見である。意見の種類によって、P（2つ）とQ（3つ）の2つのグループに分けたとき、Pのグループに分類される組み合わせを1つ選びなさい。

- ア　野菜や果物の種類が少ない。
- イ　クレジットカード専用のレジを作ってほしい。
- ウ　陳列棚の最上段に手が届かない。
- エ　通路の幅が狭くてカートで通りにくい。
- オ　商品情報に詳しい店員がもっといるといい。

A アとイ	**B** アとウ	**C** アとエ	**D** アとオ
E イとウ	**F** イとエ	**G** イとオ	**H** ウとエ
I ウとオ	**J** エとオ		

スピード解法のポイント

5つの文章を構造の違いで2つと3つのグループに分け、2つのグループになる組み合わせを選ぶ

- どのような観点で分類するかは設問中に示されている
- 2つと3つに分ける法則を見つけ出すことがポイント

例題の解答・解説

1 正解 **G** 　速解の手引き　文の構造の共通点と相違点を考える

1st step　事実と要望の違いに着目する

どれも、事実を述べたものか、要望を述べたものかという違いがあることに着目する。

- **ア**　野菜や果物の種類が少ない。
  - ➡「種類が少ない」という事実を述べたもの。
- **イ**　クレジットカード専用のレジを作ってほしい。
  - ➡「クレジットカード専用レジの新設」という要望を述べたもの。
- **ウ**　陳列棚の最上段に手が届かない。
  - ➡「陳列棚の最上段が高い」という事実を述べたもの。
- **エ**　通路の幅が狭くてカートで通りにくい。
  - ➡「カートで通るのに十分な幅がない」という事実を述べたもの。
- **オ**　商品情報に詳しい店員がもっといるといい。
  - ➡「商品情報に詳しい店員を増やしてほしい」という要望を述べたもの。

> 「ほしい」「もっといるといい」といった要望を表す語句に注目する

2nd step　事実か要望かの違いで分ける

ア、**ウ**、**エ**は顧客にとって不都合な事実を述べたものにすぎない。たとえば、**ア**が「野菜や果物の種類が少ないからもっと増やしてほしい」という文章であれば、事実を述べたうえでの要望となる。

一方、**イ**、**オ**は顧客にとって不都合な現状の改善を求めた要望を述べたものである。たとえば、**オ**が「商品情報に詳しい店員が少ない」という文章であれば、顧客にとって不都合な事実を述べたものとなる。

このように、一見同じような意見でも、不都合な点を指摘しているだけか、具体的な要望を述べているかの違いがある。その違いを見抜くことが鍵になる。

基本 練習問題

1 解答時間 **1分30秒**

次のア～オを、文の構造によってP（2つ）とQ（3つ）の2つのグループに分けたとき、Pのグループに分類される組み合わせを1つ選びなさい。

- ア 来年、消費税が上がると、一時的に消費が冷え込むだろう。
- イ 総選挙で政権が交代したので、株価が上昇するかもしれない。
- ウ ここ数日は激しい雨が降り続いたため、河川の氾濫や土砂崩れの恐れがある。
- エ このまま交渉が難航すれば、契約が成立する見込みは少ない。
- オ 東京でのオリンピックの開催が決まったのだから、ますます外国人観光客に向けたサービスが向上していくだろう。

A アとイ	**B** アとウ	**C** アとエ	**D** アとオ
E イとウ	**F** イとエ	**G** イとオ	**H** ウとエ
I ウとオ	**J** エとオ		

💡 **ヒント**

文の前半部分と後半部分が
どのような関係でつながっているかを考えよう。

基本 練習問題の**解答・解説**

[1] 正解 **C**　**速解の手引き** 文の構造の共通点と相違点を考える

1st step 未来の事柄を予想する根拠の違いに着目する

どれも未来の事柄についての予想を表した文で、前半部分が<u>予想の根拠や前提</u>になっているという共通点がある。前半部分の違いに注目する。

ア　<u>来年、消費税が上がると</u>、一時的に消費が冷え込むだろう。
　　「来年」に起こる事柄が根拠 ➡ <u>未来</u>の事柄が根拠

イ　<u>総選挙で政権が交代したので</u>、株価が上昇するかもしれない。
　　すでに起こった事柄が根拠
　　➡ <u>過去</u>の事柄が根拠

　　〔過去を表す助動詞「た」に注目する〕

ウ　<u>ここ数日は激しい雨が降り続いたため</u>、河川の氾濫や土砂崩れの恐れがある。
　　すでに起こった事柄が根拠 ➡ <u>過去</u>の事柄が根拠

エ　<u>このまま交渉が難航すれば</u>、契約が成立する見込みは少ない。
　　今後起こる事柄が根拠 ➡ <u>未来</u>の事柄が根拠

オ　<u>東京でのオリンピックの開催が決まったのだから</u>、ますます外国人観光客に向けたサービスが向上していくだろう。
　　すでに起こった事柄が根拠 ➡ <u>過去</u>の事柄が根拠

2nd step 未来の事柄と過去の事柄の違いで分ける

アと**エ**は、これから起こる<u>未来</u>の事柄が根拠となり、**イ**、**ウ**、**オ**ではすでに起こった<u>過去</u>の事柄が根拠となっている。このように、文の前半と後半の関係性の違いを取り上げた問題もある。

グルーピングの問題では、<u>事実か、意見か、理由か、結果か、などの性質をとらえて共通点と相違点を見極めることがポイント</u>になる。

3 英語能力検査① (語彙)

重要度 ★★★★★

頻出問題

1 解答時間 **10** 秒

最初に示された語と最も近い意味を表す語はどれか。

emerge

- **A** confuse
- **B** operate
- **C** equip
- **D** appear
- **E** violate

2 解答時間 **10** 秒

最初に示された語と反対の意味を表す語はどれか。

urban

- **A** valid
- **B** rural
- **C** crucial
- **D** tidy
- **E** bald

3 解答時間 **20** 秒

次の説明文と最も近い意味を表す語はどれか。

the state of having money and everything that is needed for a good life:

- **A** prosperity
- **B** peculiarity
- **C** resource
- **D** evidence
- **E** eruption

スピード解法のポイント

語彙力の強化が必須

- ●同意語、反意語、単語定義は必須問題
- ●出題される語はセンター試験レベル（高校卒業、英検2級程度）
- ●1500語前後の単語集で語彙力を上げる

頻出問題の解答・解説

1 正解 D 〈速解の手引き〉語彙力を強化する

emerge「現れる」に最も近い意味を表す単語を選ぶ。
選択肢の意味は、confuse「混乱させる」、operate「操作する」、equip「装備する」、appear「現れる、~のように見える」、violate「違反する」。したがって、**D**が正解。

> emergency「緊急」を思い浮かべてconfuseなどを選ばないように注意

2 正解 B 〈速解の手引き〉語彙力を強化する

urban「都会の」と反対の意味を表す単語を選ぶ。選択肢の意味は、valid「有効な」、rural「田舎の、田園の」、crucial「決定的な、危機的な」、tidy「きちんとした」、bald「はげた」。したがって、**B**が正解。

> countryにも「田舎の」という意味がある

3 正解 A 〈速解の手引き〉語彙力を強化する

説明文を解釈し、一言でその意味を表す語を選ぶ。

1st step 説明文を解釈する

stateは「状態、国家」。thatの直後にis neededという動詞が続くのでthatは関係代名詞であり、is needed以下の文はmoney and everythingを修飾していると判断できる。つまり、説明文は「よい生活のために必要とされるお金やすべてのものを持っている状態」という意味になる。

2nd step 選択肢の語の意味を確認する

prosperity「繁栄、成功」、peculiarity「特色、風変わりな点」、resource「資源」、evidence「証拠」、eruption「噴火」。したがって、説明文の意味を表している単語は**A**。

基本 練習問題

1 解答時間 各10秒

最初に示された語と最も近い意味を表す語はどれか。

(1) **consequence**　A theory　B substance　C area
　　　　　　　　　　D result　　E profit

(2) **cease**　　　　A decrease　B await　　C terminate
　　　　　　　　　　D accelerate　E wander

2 解答時間 各10秒

最初に示された語と反対の意味を表す語はどれか。

(1) **esteem**　　　A attend　　B salute　　C resemble
　　　　　　　　　　D recover　　E despise

(2) **domestic**　　A likely　　B complete　C correct
　　　　　　　　　　D linguistic　E foreign

3 解答時間 各20秒

次の説明文と最も近い意味を表す語はどれか。

(1) unclear because someone does not have enough detailed information:

A vague　　　B inevitable　　C obvious
D stupid　　 E ignorant

(2) a statement about what will happen in the future, based on information that is available now:

A sentence　B forecast　　C prejudice
D credit　　 E threat

基本 練習問題の解答・解説

1 正解 (1) **D** (2) **C** 〔速解の手引き〕語彙力を強化する

(1) consequence は「結果、重大性」。theory「理論」、substance「物質、実質」、area「区域」、result「結果」、profit「利益」。したがって、最も近い意味を表す単語は **D**。

(2) cease は「やめる、終える」。decrease「減らす」、await「待つ」、terminate「終える、終わる」、accelerate「加速する」、wander「さまよう」。したがって、最も近い意味を表す単語は **C**。

> terminal「末端の、終点の」と一緒に覚えておく

2 正解 (1) **E** (2) **E** 〔速解の手引き〕語彙力を強化する

(1) esteem は「尊重する、尊敬する」。attend「出席する」、salute「挨拶する」、resemble「似ている」、recover「回復する」、despise「軽蔑する、みくびる」。したがって、反対の意味を表す単語は **E**。

(2) domestic は「国内の、家庭の」。likely「ありそうな」、complete「完全な」、correct「正しい」、linguistic「言語(学)の」、foreign「外国の」。したがって、反対の意味を表す単語は **E**。

3 正解 (1) **A** (2) **B** 〔速解の手引き〕語彙力を強化する

(1) unclear は「はっきりしない、不明確な」、detailed は「詳細な」なので、説明文の意味は「十分な詳細情報を持っていないのではっきりしない」。vague「あいまいな」、inevitable「避けられない」、obvious「明らかな」、stupid「愚かな」、ignorant「無知な」。したがって、説明文の意味を表している単語は **A**。

(2) 説明文の意味は「現在入手できる情報に基づいた、将来起こることについての説明」(statement「説明、陳述」、based on ～「～に基づいた」、available「入手できる、利用できる」)。sentence「文章」、forecast「予測、予想」、prejudice「偏見」、credit「信用」、threat「脅し、脅迫」。したがって、説明文の意味を表している単語は **B**。

> weather forecast「天気予報」が思い浮かべば意味を類推できる

4章 オプション検査 ▼ 3 英語能力検査①(語彙)

4 英語能力検査② (空欄補充・誤文訂正)

重要度 ★★★★★

頻出問題

1 解答時間 各20秒

空欄に入れる語句として、最も適切なものはどれか。

(1) 食べすぎは有害無益である。
　　To eat too much (　　) more harm than good.
- **A** makes
- **B** gives
- **C** does
- **D** causes
- **D** gets

(2) 昨年は、1万株のユリが市のフラワーフェスティバルに展示された。
　　Last year, 10,000 lilies (　　　　) at the city's flower festival.
- **A** have displayed
- **B** have been displayed
- **C** were displaying
- **D** were displayed
- **E** were being displayed

2 解答時間 20秒

次の文の下線部A〜Eのうち、文法上または用法上、誤っているものをひとつ選びなさい。

The reporters (A)waited for the actress (B)for two (C)hours, but she did not show (D)up (E)at last.

- **A** waited for
- **B** for
- **C** hours
- **D** up
- **E** at last

スピード解法のポイント

基本的な文法や熟語を確認しておく

- ●熟語は頻出なので、センター試験レベルの熟語を確認しておく
- ●文法は特に関係詞、態、時制、分詞に注意

頻出問題の解答・解説

1 正解 (1) **C**　(2) **D**　　速解の手引き　基本文法と熟語に注意する

(1) 熟語の空欄補充問題。do harm で「害になる、害を与える」、do good で「役に立つ、益となる」という意味になる。

(2) 文法の空欄補充問題。「昨年」とあるので、過去形の選択肢を探すと**C**、**D**、**E**のいずれかになる。さらに「展示された」とあるので、受動態（be動詞＋過去分詞）になっている選択肢を探すと**D**か**E**。**E**は受動態の進行形（be＋being＋過去分詞）だが、問題文には進行形の意味（「～しているところだ」）はないので**E**は不正解。したがって、**D**が正解。

> 進行形はbe＋～ing、受動態はbe＋過去分詞なので、受動態の進行形はbe＋being＋過去分詞になる

2 正解 **E**　　速解の手引き　基本文法と熟語に注意する

英文は「記者たちは2時間の間その女優を待っていたが、とうとう彼女は現れなかった」という意味である。

Aの wait for ～ は「～を待つ」という意味で正しい。**B**の for は for ＋時間を示す語句で「□□の間」という意味になり正しい。**C**は特に問題なし。**D**は show up で「現れる」という熟語になり正しい。**E**の at last の「とうとう、ついに」は肯定文でしか使えないので、ここで使うのは誤り。問題文は「～しなかった」という否定文なので、「とうとう」という意味で使えるのは after all である。

■最重要熟語

account for	説明する	catch up with	追いつく
do away with	取り除く	find fault with	非難する
get over	克服する	give way to	屈する
look down on	軽蔑する	look up to	尊敬する
look into	調べる	make up one's mind	決心する
make out	理解する	put off	延期する
put up with	我慢する	take after	似ている
take advantage of	利用する	turn out	とわかる
take ～ into account	～を考慮に入れる	What about ～?	～はどう？

5 英語能力検査③（連立完成・和文英訳）

重要度 ★★★★★

頻出問題

1 解答時間 20秒

次の2つの文がほぼ同じ意味になるように空欄に語句を入れるとき、最も適切なものはどれか。

Every team had to use the gym in common with its rivals.
Every team had to (　　　) the gym with its rivals.

- **A** share
- **B** practice
- **C** involve
- **D** join
- **E** play

2 解答時間 20秒

次の日本語の文の意味を表す最も適切な英文はどれか。
このシャツはアイロンをかける必要がない。

- **A** This shirt need not being pressed.
- **B** Ironing is not needy for this shirt.
- **C** This shirt does not need pressing.
- **D** This shirt is unnecessary to iron.
- **E** There is no pressing this shirt.

スピード解法のポイント

連立完成は熟語や構文がポイント
和文英訳は文法と意味からの消去法

● そのほか、並べ替えの英作文が出題されることもある

例題　It is true that he failed, but he did his best.
　　　＝ (fact, all, that, he, with, the) failed, he did his best.

正解　(With) (all) (the) (fact) (that) (he) failed, he did his best.

頻出問題の解答・解説

1 正解 A　速解の手引き　熟語に注意する

　最初の英文は「すべてのチームがライバルと一緒に体育館を使わなければならなかった」という意味である。
　2つ目の文では with its rivals の with に注目する。A は share X with Y という英文になり、「X を Y と一緒に使う、共有する」という意味になり正解。

> in common with ～は「～と共通して、～と一緒に」という意味

　B の practice は「練習する、行う」という意味であり、「体育館を練習する」となって意味がおかしい。C は involve X with Y という英文になるが、「X を Y に関係させる、巻き込む」という意味であり、「体育館をライバルに関係させる」となって意味がおかしい。D は join X with Y という英文になるが、「X を Y と結び付ける」という意味であり、「体育館をライバルに結び付ける」となって意味がおかしい。E の play は「～して遊ぶ、(試合を) する」という意味だが、「体育館して遊ぶ」ではおかしい。

2 正解 C　速解の手引き　単語の意味に注意する

A need の直後に not があるので、この need は助動詞として使われている。したがって、後ろには動詞の原形が続く。ところが、A では being という動名詞または現在分詞が続いているのでおかしい。

> can not や will not の後ろに動詞の原形が続くのと同じ

B needy は「貧乏な」という意味なので、日本語の文と意味が異なる。

C need の前に does not があるので、この need は動詞。動詞の need は目的語として動名詞を続けることができるので、need pressing という形は正しく、「プレスする必要はない」という意味になり正解。

D 「このシャツはアイロンをかけるのに必要ではない」という意味になり、日本語の文と意味が異なる。

E There is no ～ing は「～できない」という意味で、E は「このシャツをプレスすることはできない」という意味になり、日本語の文と意味が異なる。

6 英語能力検査④（長文読解）

重要度 ★★★★★

例題

次の文章を読んで、各問いに答えなさい。

　Strong relationships are built on communication, or so the experts say. So digital relationships fueled by a torrent of texts should be ironclad, right?

　A new study published in the *Journal of Couple and Relationship Therapy* surveyed 276 men and women around age 22 in meaningful relationships (casual daters were excluded). Among the participants, 38% were in a serious relationship, 46% were engaged and 16% were married.

　All said they used texts to communicate with their loved ones, but it wasn't the volume of messages but their content that affected the quality of relationships. In general, those who sent loving messages also reported higher satisfaction with their relationship, so texting was an effective way to enhance romance.

　When it came to the number of messages, however, men who texted more often in general reported lower relationship quality than those who didn't ping their significant others as frequently. The researchers can only speculate about why, but suspect that as men disconnect from a relationship, or consider a break-up, they replace face-to-face interactions with less intimate communication in the form of increased texting.

　Women who texted more often, on the other hand, reported higher quality connections with their mates than those who messaged more sparingly. Women tended to take to their smartphone keyboards to apologize, work out their differences and make decisions — in other words, when their relationship was in trouble. As their connection with their loved one deteriorated, women attempted to make up or resolve their differences via text, which the scientists believe is the online version of the need to "talk things out".

1

Which of the following is true of this survey?

① The survey was conducted among 276 young and old men and women.
② The participants were not all engaged or married.
③ People who had only temporary relationship with their partners were not surveyed.

A only ①
B only ②
C only ③
D ① and ②
E ② and ③

2

Which of the following is more important in using texts to build or maintain romantic relationships?

A the volume of messages
B the quality of relationships
C the frequency of sending messages
D the quickness of response
E the content of messages

3

Which of the following is true of the difference between men and women?

① The more are men satisfied with their relationships, the more often they use text messages, but women do not.
② When their relationships are in trouble, women are more likely to use texts than men are.
③ When they want to start serious relationships, women put greater emphasis on the face-to-face communication than men do.

A only ①
B only ②
C only ③
D ① and ②
E ② and ③

例題の解答・解説

1 正解 E　速解の手引き　関連文を探して照合する

この調査について正しいのは次のうちどれか。
① この調査は276人の老若男女について行われた。
② 参加者が全員婚約または結婚をしていたわけではない。
③ パートナーと一時的な関係しか持っていない人は調査されなかった。

1st step　設問文に関連する部分を本文から探して照合する

①

設問文	The survey was conducted among 276 young and old men and women.
本文 第4段落	A new study published in the *Journal of Couple and Relationship Therapy* surveyed 276 men and women around age 22 …

設問文では old men and women「老齢の男女」となっているが、本文では around age 22「22歳前後の」となっている。
➡ 不一致

> all + not は部分否定になることに注意。「参加者が全員婚約または結婚をしていない」(全体否定)ではない。

②

設問文	The participants were not all engaged or married.
本文 第2段落	… 46% were engaged and 16% were married.

設問文では … were not all … 「参加者が全員婚約または結婚をしていたわけではない」となっており、本文では 46% were engaged and 16% were married「46%は婚約し、16%は結婚していた」となっている。
➡ 一致

③

設問文	People who had only temporary relationship with their partners were not surveyed.
本文 第2段落	… (casual daters were excluded).

設問文では People who had only temporary relationship「一時的な関係しか持っていない人」は調査されなかったと述べられている。一方、本文では casual daters were excluded

256

「その場限りのデートをする関係は除外」とある。
➡一致

2 正解 E 速解の手引き 関連文を探して照合する

恋愛関係を築いたり維持したりするために携帯メールを使うとき、より重要なのは次のうちどれか。

A　メッセージの分量　　　　B　関係の質
C　メッセージを送る回数　　D　返信の速さ
E　メッセージの内容

1st step　設問文に関連する部分を本文から探す

設問文と選択肢	… using texts to build or maintain romantic relationships A the volume of messages B the quality of relationships C the content of messages
本文 第3段落	All said they used texts to communicate with their loved ones, but it wasn't the volume of messages but their content that affected the quality of relationships.

2nd step　設問文と本文の関連部分を照合する

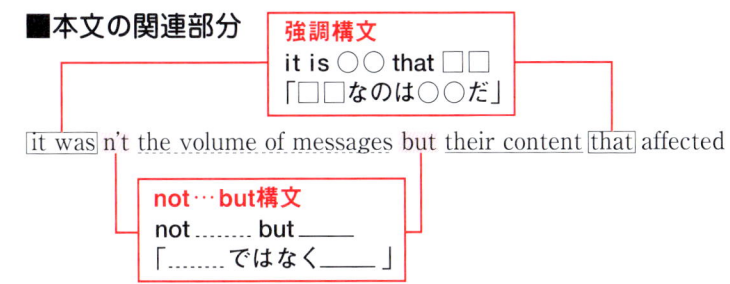

■本文の関連部分

強調構文
it is ○○ that □□
「□□なのは○○だ」

it was n't the volume of messages but their content that affected

not…but構文
not ……… but ＿＿＿
「………ではなく＿＿＿」

the quality of relationships.

■訳
関係の質に影響するのはメッセージの分量ではなくその内容だ。

したがって、正解はEとなる。

> 強調構文やnot…but構文を知らずに「それはメッセージの分量ではないが、その内容が関係の質に影響する」と誤訳しても、正解がEであることは推測できる。**英語能力検査の長文読解は設問と本文との照合がポイント！**

3 正解 B　速解の手引き　関連文を探して照合する

男女の違いについて正しいのは次のうちどれか。
① 男性はその関係に満足していればいるほど、携帯メールを頻繁に利用するが、女性はそうではない。
② 関係に問題が生じたとき、女性は男性より携帯メールを使うようだ。
③ 真剣な関係を始めたいと思ったとき、女性は男性より顔を合わせた話に重きを置く。

> この問題ではtextやmessageは「携帯メール」のこと

1st step　設問文に関連する部分を本文から探して照合する

①

設問文	The more are men satisfied with their relationships, the more often they use text messages, …
本文 第4段落	… men who texted more often in general reported lower relationship quality than those who …

設問文ではsatisfied with their relationships「関係に満足している」となっているが、本文ではlower relationship quality「低い関係の質」となっている。
➡ 不一致

②

設問文	When their relationships are in trouble, women are more likely to use texts than men are.
本文 第5段落	Women tended to take to their smartphone keyboards to apologize, …
	… when their relationship was in trouble.

設問文ではuse texts、本文ではtake to their smartphone keyboardsとなっている。この文でtext＝携帯メールと推測できれば、「携帯メールを使う」と「スマートフォンのキーボードに頼る（take to）」が同じこととわかる。
➡ 一致

③	設問文	When they want to start serious relationships, women put greater emphasis on the face-to-face communication …
	本文 第4段落	… as men disconnect from a relationship, … … they replace face-to-face interactions with less intimate communication …

設問文では「真剣な関係を始める」だが、本文では「関係を切断する」、設問文では「女性が the face-to-face communication に重きを置く」だが、本文では「男性（they）は face-to-face interactions を less intimate communication に取り替える（replace）」となっている。

➡不一致

■重要単語・熟語

fuel	燃料をくべる	a torrent of ～	大量の～
text	携帯メール、文章	ironclad	堅固な
survey	調査する	casual	気楽な、その場限りの
dater	デートをする人	exclude	除外する
participant	参加者	it is … that ～	～なのは…だ（強調構文）
not A but B	AではなくB	volume	分量
content	内容	affect	影響する
quality	質	in general	一般に
texting	携帯メールを送ること	effective	有効な
enhance	促進する	When it comes to ～	～ということになると
not + as 形容詞・副詞 (as ～)	（～ほど）＿＿しない	ping	メールを送る
frequently	頻繁に	disconnect	切断する
break-up	別れ	replace A with B	AをBに取り替える
face-to-face interactions	顔を合わせる関係	intimate	親密な
on the other hand	他方	mate	相手、仲間
sparingly	わずかに	apologize	謝罪する
work out	解決する	in other words	言い換えれば
deteriorate	悪化する	make up	埋め合わせる
Via ～	～によって、～を経由して	talk things out	物事を話し合いで解決する

■全訳

　強い関係はコミュニケーションのうえに構築される、あるいは専門家はそのように述べる。そうすると、大量の携帯メールによって燃え上がったデジタルな関係は堅固であるはずだが、本当だろうか？

　Journal of Couple and Relationship Therapyで公表された最新の研究では、意味のある関係（その場限りのデートをする関係は除外）にある22歳前後の276人の男女を調査した。参加者の間で、38％は真剣な関係にあり、46％は婚約し、16％は結婚していた。

　全員、愛する人と通じ合うのに携帯メールを使用したと述べたが、関係の質に影響したのは、メッセージの分量ではなく、その内容だった。一般に、愛のメッセージを送った人々は、彼らの関係により高い満足感を得ていると報告しており、携帯メールを送ることはロマンスを促進するのに有効だった。

　しかし、メッセージの数ということになると、一般に、大切な人に何度もメールを送った男性のほうが、（その男性ほど）頻繁にメールを送らなかった人より、関係の質が低いと報告した。研究者はその理由について推測することしかできないが、男性が関係を切断するとき、あるいは別れを考えているとき、男性は顔を合わせる関係を、メールを増やすというそれほど親密でないコミュニケーションに取り替えるのではないかと考えている。

　他方、何度もメールを送った女性は、あまりメールを送らなかった女性より、相手とより質の高いつながりがあると報告した。女性は、謝罪し、彼らの違いを解決し、決定するために——言い換えれば、関係に問題が生じているときに——スマートフォンのキーボードに頼る傾向があった。愛している人とのつながりが悪化したとき、女性は携帯メールによって違いを埋め合わせようとするか、解消しようとし、科学者は、それは「物事を話し合いで解決する」必要性のオンライン版であると思っている。

5章 性格検査

1. 性格検査とは
2. 性格検査──第1部・第3部の出題形式
3. 性格検査──第2部の出題形式

1 性格検査とは

　SPIには、能力検査のほかに性格検査があります。能力検査の結果は応募者の人数を絞り込むために利用されることが多いですが、**性格検査の結果は基本的には面接を効果的に行うための資料として利用されるもの**です。

　SPI2では、13の尺度で受検者の行動的側面、意欲的側面、情緒的側面を、14の尺度で職務適応性を測定していましたが、SPI3では、新たに**社会関係的側面**と**組織適応性**の2つの領域が加えられました。

　SPI3で測定される4つの性格側面は次のとおりです。

行動的側面	
日常の行動特徴として表面に表れやすく、周囲から観察しやすい側面 　——社交的で行動力のあるタイプか、思索的で粘り強いタイプか、などがわかる	
社会的内向性	対人接触面での積極性、社交性
内省性	ものごとを深く考えることを好む傾向
身体活動性	体を動かし、気軽に行動することを好む傾向
持続性	粘り強く、コツコツと頑張り抜く傾向
慎重性	先行きの見通しをつけながら、慎重にものごとを進めようとする傾向

（尺度）

意欲的側面	
目標の高さや活動エネルギーの大きさなど、いわゆる意欲に関する側面 　——難問や競争的な場面に対峙するパワーをどの程度持っているかがわかる	
達成意欲	大きな目標を持ち、第一人者になることに価値をおく傾向
活動意欲	行動や判断が機敏で意欲的な傾向

（尺度）

情緒的側面	
気持ちの動きの基本的な特徴を表す側面 　——ストレスや失敗の受けとめ方、気持ちの整理の仕方と関係が深く、行動に表れにくい内面的な気持ちの動きがわかる	
敏感性	神経質で、周囲に敏感な傾向
自責性	不安を感じたり、悲観的になりやすい傾向
気分性	気分に左右されやすく、感情が表に表れやすい傾向
独自性	独自のものの見方・考え方を大切にする傾向
自信性	自尊心の高さや強気な傾向
高揚性	調子のよさや楽天的な傾向

（尺度）

社会関係的側面（SPI3からの新測定領域）		
人や組織との関わりの中で表れやすい特徴 ――厳しい状況や困難な課題に直面したときに、周囲との関係の中でどのような行動をとりやすいかがわかる		
尺度	従順性	他人の意見に従う傾向
	回避性	他人との対立やそのリスクを避ける傾向
	批判性	自分と異なる意見に対して批判的な傾向
	自己尊重性	自分の考えに沿ってものごとを進める傾向
	懐疑思考性	他人との間に距離を置こうとする傾向

（リクルートのWebサイトより作成）

JMATでは、人との接し方、仕事への取り組み方、指向という3つの性格特徴と職務タイプ別（リーダータイプ、スペシャリストタイプ、エキスパートタイプ）の適応性が測定されます。

性格検査の報告書

性格検査の結果から受検者がどのような職務に向いているか、受検者がどのような性格上の弱点を持っており、面接時にどのような点をチェックすべきか、そのためにはどのような質問をするとよいかなどが「**人事用報告書**」によって採用企業に報告されます。面接担当者は、この報告書に基づいて面接を行いますが、どの程度この検査結果を重視するか、また実際にどのような質問をするかは面接担当者あるいは人事責任者の考え方次第です。

報告書では、**行動的側面、意欲的側面、情緒的側面、職務適応性（SPI3から追加）については、能力検査と同様、尺度ごとに20～80点の得点で評価されます**。ただし、能力検査とは異なり、高ければよいというものではなく、高得点であればその傾向が強いことを意味します。

たとえば、社会関係的側面の「従順性」と「自己尊重性」は正反対の傾向なので、従順性の得点が高ければ自己尊重性の得点が低くなるのが自然です。したがって、性格検査の評価は「高いほどよい」「低いほどよい」という一律なものではありません。また、採用企業がどのような傾向を好ましいと思っているか、どのような人材を求めているかという点とも関連してきます。

また、**職務適応性、組織適応性（SPI3から追加）については、5段階で評価されます**。これも、評価が高ければ、その職務が組織風土に適していることを意味するもので、すべての項目で高い評価を得る必要はありません。

性格検査の構成

　SPI2のペーパーテスティングでは、時間は約40分で350問出題され、AとBの2択の設問（60問）と「ハイ」と「イイエ」で答える設問（290問）の2種類がありましたが、SPI3では、第1部～第3部の3部構成で、回答方式が2択から4択へと変更されました。詳細は次のとおりです。これは、テストセンター方式ですが、ペーパーテスティングもおおむね同様です。

構成	問題数	目安時間	概要
第1部	約90問	約12分	AとBの反対の意味合いの記述があり、「Aに近い」「どちらかといえばAに近い」「どちらかといえばBに近い」「Bに近い」の4つから自分の行動や考えに最も近いものを選ぶ
第2部	約120問	約13分	1つの記述について「当てはまる」「どちらかといえば当てはまる」「どちらかといえば当てはまらない」「当てはまらない」の4つから自分の行動や考えに最も近いものを選ぶ
第3部	約70問	約11分	第1部と同様に、AとBの反対の意味合いの記述がある4択です。

　なお、**JMATは、目安時間は約40分で、性格検査が180問、指向検査が45問**あります。

　SPIもJMATも設問数が多いので、あまりまじめに考えすぎると時間がなくなり、全問回答できなくなることがあります。**パソコンによる検査では画面ごとに制限時間があるので、テンポよく回答していく必要があります。**未回答があってもそれだけで特に不利になるわけではなさそうですが、あまりに未回答が多いと判定不能とされるおそれがあるので、全問回答するつもりで検査に臨んだほうがよいでしょう。

性格検査に「正解」はあるのか

　各種の対策書では、「正解がある」と書いてあるものと「正解はない」と書いてあるものがあります。また、実際に就職・転職活動を経験した人の意

見もさまざまです。正解あり派と正解なし派（あるいは正解無意味派）の主な意見を簡単にまとめると次のようになります。

正解あり派	正解なし派（正解無意味派）
●性格検査の目的は、仕事の内容に適した人かどうか、職場に適合できるかどうかを見分けることなので、この点でマイナス評価を受ける選択肢は不正解だ	●そもそも採用企業は性格検査の結果をそれほど重視していない
●性格検査だけで落ちた	●仮に正解があるとしても、性格検査の結果だけで採否を決めるような企業には将来性がない
●自分の性格を偽って正解を選び、入社したため、仕事が合わなくても、自分の性格を変える努力が必要だ	●仮に正解があり、自分の性格を偽って正解を選んで入社しても、仕事が合わずに辞めるのが落ちだ
●正解から理想像をイメージして、それになりきって回答すれば一貫した回答ができる	●仮に正解があるとしても、多数の設問があるので、自分の性格を偽って回答すると一貫性がなくなり、かえってよくない
	●仮に正解があり、自分の性格を偽って正解を選んだとしても、面接時に隠しきれない

　どちらも、それぞれ一理ある意見です。現実には、当たり前のことですが、企業あるいは人事の考え方次第ということでしょう。また、企業が求めている人材と自分の適性とのマッチングの問題もあります。
　さらに、性格検査は、100％白と100％黒とで判定されるわけではなく、1つの性格特性を判定するためにさまざまな角度から多数の設問が設定され、「どちらかといえばこちらの性格」という灰色判定があるので、1つの設問だけで1つの性格特性が決定されるわけではありません。そうすると、少なくとも、**能力検査の解答のように1つの設問について1つの決まった結果が出るという意味での正解はない**といえると思います。
　また、報告書には「**応答態度**」という項目があり、「応答態度に自分をよく見せようとする傾向がある」や「応答態度にやや自分をよく見せようとする傾向がある」と注釈が付く場合があります。**自分をよく見せようと不自然な回答を続けているとこのようなコメントが付き、面接官に悪印象を与えることにもなりかねません。**
　ただし、SPI2では存在した**ライスケール**（虚偽尺度、「ハイ」と答えると嘘をついていると判定される設問）はSPI3では見られなくなりました。

性格検査対策

このような現実を踏まえて性格検査の対策を考えると、次のようになります。

● **まずしっかりと自己分析を行い、自分に合った職種・企業を選ぶ**

これはそもそも転職の基本中の基本です。この点が不十分ならば、性格検査以前に、転職自体が危険です。性格検査に限っても、自分の性格に合った職種・企業を選べば、対策を気にする必要はまったくなくなります。

そこで、意識しておくべき点は、性格特徴から一歩踏み込んだ職務適応性と組織適応性です。

職務適応性の14の尺度は次のとおりですが、社会人採用を予定している企業では、職種が限定され、そこで望まれる職務適応性が明確となっている場合が少なくありません。たとえば、新規事業立ち上げのためのリーダー格としての採用であれば、「集団統率」「予定外対応」「前例のない課題」などの尺度が、営業事務などであれば「協調協力」「サポート」などの尺度が重視されるでしょう。自分自身の性格や職務への適性を考慮して職種を選ぶことが本当の意味で転職を成功させることにつながります。

職務の内容（職務適応性の項目）	
対人折衝	多くの人と接する仕事、人との折衝が多い仕事
集団統率	集団を統率する仕事
協調協力	周囲と協調し、協力し合ってする仕事
サポート	人に気を配り、サポートをする仕事
フットワーク	活動的にフットワークよく進める仕事
スピーディー	てきぱきとスピーディーに進める仕事
予定外対応	予定外のことがらへの対応が多い仕事
自律遂行	自分で考えながら自律的に進める仕事
プレッシャー	目標や課題のプレッシャーが大きい仕事
着実持続	課題を粘り強く着実に進める仕事
前例のない課題	前例のないことに取り組む仕事
企画アイデア	新しい企画やアイデアを生み出す仕事
問題分析	複雑な問題を考え、分析する仕事

組織適応性は、企業や配属部署などの組織の風土を「創造重視」「結果重視」「調和重視」「秩序重視」の4つに分類し、適応しやすさを判定します。

　たとえば、「Aチームワークを第一に考える」「B成果を出すことを第一に考える」という質問で、「Aに近い」と回答する人は「調和重視」の風土に、「Bに近い」と回答する人は「結果重視」の風土に向くということになります。転職者の場合、所属していた組織風土になじめなかったことが転職の理由という人も少なからずいるはずなので、**自分に向く風土がどのようなものかを自覚しておく必要があります**。

　正社員登用など、すでにその企業や組織風土に親しんでからのエントリーの場合は問題ないのですが、外部からの転職の場合、外側からその風土を知ることは難しいかもしれません。それでも、会社のWebサイトや知人を介して可能な限り情報を入手し、自分の働きやすい風土の企業を選ぶことも大切でしょう。

● あまり神経質に考えすぎない

　このような性格検査でその人の性格がすべてわかるわけではありません。そのために面接があるわけです。したがって、**この検査に自分を完全に反映させようとして考え込んでもあまり意味はありません**。以前のように「A」「B」のどちらかではなく、「どちらかといえばA」「どちらかといえばB」という中間の選択肢も加わったので、迷った場合は、この「どちらかといえば……」で回答しておきましょう。ただし、「どちらかといえば……」ばかりを選ぶと、性格特徴がぼやけてしまい、没個性の印象を与えます。**無難な線にばかり陥らないように気をつける**ことも必要です。

性格検査対策のまとめ

- **しっかりと自己分析を行い、自分に合った職種・企業を選ぶ**
  - ➡ 職務適応性と組織適応性を意識し、各職種や各企業で必要とされる適応性を理解しておく。
  - ➡ 自分に向く風土がどのようなものかを理解しておく。
- **神経質に考えすぎない**
  - ➡ 性格検査に自分を完全に反映させようとしても意味はない。
  - ➡ 無難な線にばかり陥らないようにする。

2 性格検査
——第1部・第3部の出題形式

〈例題Ⅰ〉

以下の質問はあなたの日常の行動や考えにどの程度当てはまりますか。最も近い選択肢を1つ選んでください。

	Aに近い	どちらかといえばAに近い	どちらかといえばBに近い	Bに近い	
(1) Aひとりで行動するのが好きだ	○	○	○	○	Bグループで行動するのが好きだ
(2) A考えてから決断するほうだ	○	○	○	○	B迷わずに決断するほうだ
(3) A決断は慎重に行う	○	○	○	○	B決断は思い切りよく行う
(4) A細かいことが気になるほうだ	○	○	○	○	B細かいことは気にしないほうだ
(5) A失敗しても振り返らないほうだ	○	○	○	○	B失敗するとくよくよ悩むほうだ
(6) AときどきカッとなることがB	○	○	○	○	B腹を立てることはめったにない

≫ 解　説

〈例題Ⅰ〉
それぞれの設問は次のような意味を持っています。
(1) **社会的内向性**を測る尺度です。
　A⇒社会的内向性が高く、引っ込み思案だが、組織の中でトラブルを起こすことは少ないともみられます。
　B⇒社会的内向性が低く、対人関係に積極的だが、強引とみられることがあります。
(2) **内省性**を測る尺度です。
　A⇒内省性が高く、ものごとをじっくりと考えるが、行動のチャンスを逃す場合があるともみられます。
　B⇒内省性が低く、実践的だが、落ち着きがないともみられます。
(3) **慎重性**を測る尺度です。
　A⇒慎重に行動するが、臨機応変に行動できないともみられます。
　B⇒いわゆる「お調子者」にみられますが、反面、決断力があり、融通を利かせることができるとも評価されます。
(4) **敏感性**を測る尺度です。
　A⇒人にこまやかな配慮ができるが、反面、神経質で消極的ともみられます。
　B⇒おおらかだが、他人に対する配慮が足りないともみられます。
(5) **自責性**を測る尺度です。
　A⇒楽天的で陽気だが、無責任で場当たり的になる傾向があります。
　B⇒責任感が強く、人にはやさしいが、反面、悲観的で自分に自信がないともみられます。
(6) **気分性**を測る尺度です。
　A⇒気分屋で他人に左右されやすく、幼児的だが、一方で感情が豊かで憎めないタイプともみられます。
　B⇒情緒が安定して意志が強いが、一方で人間的におもしろみがないともみられます。

3 性格検査──第2部の出題形式

〈例題Ⅱ〉
以下の質問はあなたの日常の行動や考えにどの程度当てはまりますか。最も近い選択肢を1つ選んでください。

	当てはまらない	どちらかといえば当てはまらない	どちらかといえば当てはまる	当てはまる
（1）誰よりも高い成果を上げたい	○	○	○	○
（2）ものごとを粘り強く続けるほうだ	○	○	○	○
（3）一日中家にいても苦にならない	○	○	○	○
（4）ノリがよいほうだ	○	○	○	○
（5）意見が合わないときには自分が折れることが多い	○	○	○	○

》解　説

〈例題Ⅱ〉
それぞれの設問は次のような意味を持っています。
（1）**達成意欲**を測る尺度です。
　　当てはまる　　⇒高い目標に向かってチャレンジするタイプだが、競争心が強すぎて全体の協調を乱すおそれがあるともみられます。
　　当てはまらない⇒自分なりの目標に向かって堅実に努力するが、やる気がないとみられるおそれもあります。
（2）**持続性**を測る尺度です。
　　当てはまる　　⇒粘り強いが、頑固で柔軟性がないともみられます。
　　当てはまらない⇒飽きっぽく粘り強さがないが、気持ちの切り替えが早く、変化への対応が早いともみられます。
（3）**活動意欲**を測る尺度です。
　　当てはまる　　⇒落ち着きがあり、地道な作業に向くと評価されますが、覇気がなく、行動力に乏しいともみられます。
　　当てはまらない⇒活動的、エネルギッシュ、行動的だが、地道にものごとを遂行するのに不向きともみられます。
（4）**高揚性**を測る尺度です。
　　当てはまる　　⇒明るく好感が持てるタイプだが、そのときの気分に流されやすく軽薄だともみられます。
　　当てはまらない⇒冷静沈着だが、陰気でつまらない人ともみられます。
（5）**回避性**を測る尺度です。
　　当てはまる　　⇒他人との対立を避け、場を収めようとするが、自分の主張や信念がないともみられます。
　　当てはまらない⇒信念をしっかり持った人物とみられますが、自己主張が強く、周囲と協調してものごとを進めることができないともみられます。

● 著者プロフィール ●
未来舎（みらいしゃ）
キャリアデザインのためのスクール。SPI対策、NMAT/JMAT対策、エントリーシート・論作文・面接対策などの各種講座を開講し、就職、転職、正社員登用、昇進、進学のためのキャリアデザインを応援している。メールによる通信講座、SPI、JMAT、NMATの模擬テストも実施している。

ホームページ：http://www.mirai-sha.com/
メールアドレス：miraisha@wing.ocn.ne.jp

● スタッフ ●
本文デザイン	株式会社エディポック
編集協力	株式会社エディポック
編集担当	斉藤正幸（ナツメ出版企画株式会社）

ナツメ社Webサイト
http://www.natsume.co.jp
書籍の最新情報（正誤情報を含む）はナツメ社Webサイトをご覧ください。

史上最強の転職者用SPIよくでる問題集

2014年　4月27日　初版発行
2016年12月10日　第9刷発行

著　者　未来舎
発行者　田村正隆

©Mirai-sha, 2014

発行所　株式会社ナツメ社
　　　　東京都千代田区神田神保町1-52　ナツメ社ビル1F（〒101-0051）
　　　　電話　03（3291）1257（代表）　FAX　03（3291）5761
　　　　振替　00130-1-58661
制　作　ナツメ出版企画株式会社
　　　　東京都千代田区神田神保町1-52　ナツメ社ビル3F（〒101-0051）
　　　　電話　03（3295）3921（代表）
印刷所　耕進舎印刷株式会社

ISBN978-4-8163-5614-8　　　　　　　　　　　　　　Printed in Japan

〈定価はカバーに表示してあります〉
〈乱丁・落丁本はお取り替えします〉

本書の一部または全部を著作権法で定められている範囲を超え、ナツメ出版企画株式会社に無断で複写、複製、転載、データファイル化することを禁じます。